Caro lettore,

il libro che hai tra le mani non è come tutti gli altri. È stato infatti prodotto attraverso un sistema di *print on demand*. Ciò significa che la tua copia è stata confezionata appositamente per te, in seguito al tuo ordine. Non è una copia stampata tra mille altre e lasciata lì in attesa che qualcuno l'acquistasse; è *tua*. Ti chiediamo dunque scusa se per averla hai dovuto sopportare qualche piccolo disagio, se hai dovuto affrontare spese di spedizione o tempi di attesa più lunghi del previsto; in compenso, questo sistema di stampa e distribuzione ti ha permesso di poter acquistare un libro – il tuo libro – che altri editori, legati ai sistemi tradizionali, avrebbero considerato inutile ristampare. Noi, al contrario, così facendo ti offriamo la possibilità di leggerlo.

Nel salutarti ti ringraziamo di avere scelto le Edizioni Trabant e ci auguriamo di rivederti sulle pagine di un altro volume.

Buona lettura.

le Edizioni Trabant

Pillole per la memoria – 18

Isbn 978-88-96576-19-9

Prima edizione: 2013
Seconda edizione: 2021
Edizioni Trabant – Brindisi
www.edizionitrabant.it
redazione@edizionitrabant.it

Eduardo Ximenes

Sul campo di Adua
marzo – giugno 1896

Edizioni
Trabant

ADUA: NÉ LA FORTUNA NÉ IL VALORE

Non ricordo chi ironizzava sul fatto che, per mancanza di un numero sufficiente di vittorie, la toponomastica italiana si è dovuta adattare a un abbondante utilizzo di battaglie perdute. Siamo dunque abituati a frequentare luoghi dai nomi come via Caporetto, via Lissa, piazza El Alamein, via dell'Amba Alagi e, qua e là, una via, viale, piazza Macallè. D'altra parte, lo spirito italico – quanto a chiacchiere, secondo a nessuno – ha spesso trovato il modo di rigirare a proprio favore, nella retorica nazionale, gli insuccessi militari. E così imbarazzanti disfatte, pietose ritirate, figure meschine contro avversari non sempre superiori sono state ben volentieri convertite in "onorevole sconfitta", "eroica resistenza", "resa con l'onore delle armi". Significativa, ad esempio, è la lapide commemorativa posta in Egitto sul luogo in cui si combatté la battaglia di El Alamein. "Mancò la fortuna, non il valore" recita l'iscrizione. Senza nulla togliere alla memoria dei caduti, varrebbe la pena sottolineare che in verità non mancarono né la fortuna, né il valore; a mancare furono semmai logistica, rifornimenti, carri armati. Ma a noi, per assolverci, piace pensare che questi siano dettagli, e che l'estro del momento, l'idea suggerita dal genio innato, in una parola l'improvvisazione possa, se ben assistita dalla buona sorte, sopperire all'equipaggiamento e alla pianificazione.

Sono considerazioni da affidare più al sociologo che allo storico. E tuttavia, continuando in questa speculazione alla buona, è evidente come una tale opera di rimozione abbia lo scopo di nascondere quanto brucino le sconfitte nell'inconscio collettivo. Bruciano, sì. Da una certa ottica, l'italiano medio porta con sé l'eredità di una lunghissima serie di umiliazioni militari. E ciò fa male tanto più in relazione all'istintivo senso di superiorità che l'italiano prova nei confronti degli avversari che hanno prevalso: siano essi contadini greci o partigiani albanesi, *decadenti* soldati anglosassoni o guerriglieri africani. La parabola media di una missione militare italiana consiste in un'allegra partenza nella convinzione di schiacciare con poca fatica un nemico notevolmente inferiore – d'altra parte, chi potrebbe ritenersi superiore ai discendenti dei legionari romani? – e una successiva ritirata dopo che il nemico inferiore si è rivelato, nei fatti, più equipaggiato, più scaltro, più motivato.[1]

La battaglia di Adua è forse, da questo punto di vista, uno dei migliori esempi. Il 1° marzo 1896 rappresenta uno shock collettivo da cui il paese si è ripreso a fatica e con conseguenze, alla lunga, nefaste. Troppo pesante venire a sapere che la nuova Italia, finalmente unita, libera e sulla via del progresso, potesse essere sopraffatta da truppe di nativi africani o, come più volte li aveva chiamati nei suoi discorsi il presidente Crispi, "quattro predoni barbari".[2]

UNA CATASTROFE ANNUNCIATA

Eppure le premesse erano tutt'altro che incoraggianti: come spesso ci capita, troppi elementi avevano fatto qua e là sfociare la storia nella farsa. Già che il neonato Regno, sorto dalla retorica della liberazione nazionale dal giogo straniero, varcasse il Mediterraneo per cercare territori da assoggettare in Africa, ledendo quindi l'indipendenza nazionale altrui, era cosa da suscitare a essere benevoli un risolino di compassione; che ciò avvenisse proprio sotto il governo della Sinistra erede dei movimenti risorgimentali, per mano di un eroe garibaldino come Francesco Crispi, questo era il colmo. Eppure andò proprio in

---

[1] Se ci passate l'autoreferenzialità, ci piace suggerire, a tale proposito, la lettura di una nostra precedente pubblicazione, *L'umanità dell'avvenire* di Enrico Morselli (Edizioni Trabant 2009). L'autore, antropologo allievo di Cesare Lombroso, nel primo decennio del '900 profetizza una futura guerra tra razze umane, dalla quale usciranno vincitori i popoli latini. In buona sostanza elabora una delirante teoria secondo cui l'italiano è non solo un tipo umano superiore agli altri, ma anche predestinato al dominio sul pianeta; un esempio certamente estremo, ma significativo, dell'innato senso di superiorità dell'italiano medio.

[2] Consigliamo, sulla storia della battaglia, non soltanto un'opera cartacea, *La Battaglia di Adua* di Emilio Bellavita (Casini Editore 2012), ma anche un audiovisivo, il documentario *Adua 1896: il primo colonialismo italiano*, di Alessandro Cavazza e Dario Collina, con interventi di Angelo Del Boca e Domenico Quirico. Di Angelo Del Boca è invece utile, per una panoramica più generale sul colonialismo italiano, il classico *Gli Italiani in Africa Orientale* (Mondadori 1975).

questo modo: negli anni '80 del XIX secolo l'Italia avviava la propria politica coloniale, spinta da un misto di ambizione e complesso di inferiorità nei confronti delle potenze europee, il tutto condito dalla solita giustificazione sulla missione civilizzatrice degli Europei nei confronti dei selvaggi. Come al solito, però, il nostro paese arrivava per ultimo, quando già Inghilterra e Francia si erano spartite la maggior parte del bottino. Unico, restava indipendente il Corno d'Africa e fu dunque lì che i nostri governanti puntarono il dito sulla cartina: il Regno avrebbe cercato la propria parte in Africa Orientale, sulle rive del Mar Rosso. Pochi parevano però essersi chiesti per quale motivo quell'angolo di mondo fosse ancora indipendente e sovrano.

La risposta, a non avere paraocchi, era piuttosto semplice: la regione era una delle poche nel Continente Nero ad avere una struttura statale forte e riconoscibile, dotata di un esercito organizzato e in qualche misura ammodernato: il secolare Impero Etiope fondato nel XIII secolo da una dinastia che amava farsi credere discendente nientedimeno che del Re Salomone. Un regno che, per quanto ancora basato su strutture feudali, nonostante fosse cronicamente afflitto da lotte intestine per il predominio, aveva però dimostrato di saper trovare unità di intenti quando si trattava di fronteggiare una minaccia esterna. Così, quando l'Italia iniziò ad acquisire territori sulla costa, dalla baia di Assab al porto di Massaua, fino alla città di Asmara, fondando in questo modo la Colonia Eritrea, inevitabile si pose il problema di definire i rapporti con l'Impero confinante. La soluzione, a voler dar credito agli aspetti leggendari della vicenda, fu una tipica furbata all'italiana: la truffa.

Nel 1889 il conte Pietro Antonelli, ambasciatore d'Italia in Etiopia, firmava per nome del re Umberto I un accordo con l'imperatore Menelik II, passato alla storia come il Trattato di Uccialli. Molto si è scritto a proposito di tale documento e sulle intenzioni con cui fu redatto. Resta un dato di fatto: la versione in lingua italiana e quella in lingua amarica differivano in pochi, essenziali dettagli. Famigerato è soprattutto l'articolo 17, che in italiano recitava:

> Sua Maestà il Re dei Re d'Etiopia *consente* di servirsi del Governo di Sua Maestà il Re d'Italia per tutte le trattazioni di affari che avesse con altre potenze o governi.

mentre in amarico:

> Sua Maestà il Re dei Re d'Etiopia *ha la possibilità* di servirsi del Governo
> di Sua Maestà il Re d'Italia per tutte le trattazioni di affari che avesse
> con altre potenze o governi.

Sottigliezze? Non proprio, perché per gli Etiopi significava la libertà di richiedere l'aiuto dell'Italia nelle faccende di politica estera, mentre per gli Italiani era il divieto assoluto agli Etiopi di contrarre alleanza con chicchessia senza la loro mediazione: in poche parole, un vero e proprio protettorato. La versione più benevola attribuisce il doppio testo a un errore di traduzione; una vulgata molto diffusa, però, sospetta un tentativo di frode ai danni degli etiopici, tramite il quale la piccola Italia poteva vantarsi nel mondo di avere espanso i confini a buon mercato, sfruttando la propria innata furbizia a danno di un branco di ingenui barbari. Ma il diavolo – si sa – non fa coperchi.

E così fu. Quando l'Italia protestò contro il tentativo di Menelik di stringere trattati con la Francia e la Russia, il *negus* semplicemente stracciò il Trattato di Uccialli: ci si incamminava verso la guerra. Nel 1895 le truppe al comando del generale Oreste Baratieri sconfinavano in territorio etiope occupando la regione del Trigré.

Baratieri era destinato a diventare l'uomo-simbolo della successiva catastrofe, raccogliendo in sé tutte le contraddizioni della storia che raccontiamo e assumendosi, in fin dei conti, il ruolo del capro espiatorio. Era innanzitutto un ex garibaldino, e di lungo corso. Unitosi al Generale sin dalla prima ora, aveva seguito i Mille fino alla battaglia di Capua. E con le camicie rosse era rimasto anche dopo l'Unità, partecipando, per esempio, alla disfatta di Mentana. Solo in seguito era entrato nel Regio Esercito, guardato dai veterani col sospetto da sempre riservato ai *parvenu* garibaldini e al loro grado conquistato sul campo e non in Accademia. A onor del vero, il sospetto non era del tutto immeritato: egli condivideva con Crispi e con la maggior parte dei reduci dell'impresa risorgimentale la tendenza a dare scarsa importanza a fattori come organizzazione logistica, preparazione teorica, studio del territorio e dell'avversario, nella convinzione che al momento buono sarebbe bastato inastare la baionetta e attaccare a testa bassa, alla *garibaldina* appunto, e conseguire con l'*ardimento* risultati migliori di quelli che si sarebbero potuti raggiungere con la competenza.

Al di là delle sue personali responsabilità, bisogna dire che al generale non ne andò bene una. Se l'occupazione del Trigré poté sembrare inizialmente rapida e indolore, la controffensiva nemica rese le divisioni italiane simili al classico topo finito nel formaggio: gli Etiopi si dimostrarono presto più numerosi, meglio equipaggiati e più preparati strategicamente del previsto. Mentre Baratieri invano invocava l'invio di rinforzi, nel dicembre 1895 circa 2000 soldati guidati dal maggiore Toselli erano circondati e uccisi sul colle dell'Amba Alagi; nel gennaio 1896 cadeva dopo un breve assedio la fortezza di Macallè; l'esercito etiope dilagava fino a minacciare la stessa Colonia Eritrea, mentre gli italiani ripiegavano su posizioni difensive. Nel mentre, a Roma ci si perdeva in chiacchiere e questioni secondarie: l'onore nazionale, il prestigio in pericolo, le possibili ripercussioni sul risultato delle imminenti elezioni. Crispi stabilì di rimuovere il vecchio compagno d'arme garibaldino con il più esperto Antonio Baldissera e lo inviava in Eritrea; in attesa dell'avvicendamento, però, metteva pressione su Baratieri perché affrontasse la situazione più di petto. Celebre è il telegramma che gli scrisse nel febbraio '96, rimproverandolo aspramente: "Codesta è una tisi militare, non una guerra".

Baratieri, valutando le forze in campo, avrebbe preferito ripiegare su posizioni più sicure. Tutti però lo spingevano ad attaccare: il governo, l'opinione pubblica, i generali del suo Stato Maggiore, ancora convinti, dopo due mesi di campagna, che sarebbero stati sufficienti un paio di colpi di cannone per mettere in fuga il nemico. Il generale si piegò così ad avanzare verso la conca di Adua, dove lo aspettavano forze etiopi dieci volte più numerose. Era il 1° marzo 1896: circa 15.000 italiani, male equipaggiati, con una scarsa conoscenza del territorio, inferiori di numero e per giunta mal schierati sul campo, erano travolti da 150.000 soldati delle varie tribù locali. Fu un massacro, il numero dei morti stimato sui 6000, quasi 3000 i prigionieri.

Nell'ottobre successivo l'Italia si piegava a firmare il trattato di Addis-Abeba, con il quale rinunciava a qualunque pretesa sull'Etiopia in cambio del riconoscimento della Colonia Eritrea. Baratieri, scampato per un pelo alla morte, era sottoposto a un umiliante processo davanti alla Corte Marziale; e si vocifera che avesse scambiato la sua assoluzione per il silenzio sulle responsabilità dei suoi superiori militari e politici.

VERSO IL CAMPO DELLA MORTE

È qui che prende inizio la storia raccontata in questo libro. La quale non è la narrazione della battaglia di Adua (per quanto ne contenga uno dei primi tentativi di ricostruzione), ma il diario di un viaggio a ritroso sulle orme della ritirata italiana.

Sin dagli albori della penetrazione italiana in Africa, l'argomento era divenuto motivo di interesse per la stampa, non soltanto dal punto di vista politico ma anche della semplice cronaca. L'impresa evocava affascinanti avventure in scenari esotici abitati da popolazioni lontane e dai bizzarri costumi; se a ciò si aggiunge il proliferare dei primi periodici illustrati e il perfezionamento della tecnica fotografica, si comprende bene come fosse interesse di qualunque direttore di testata inviare oltremare un giornalista-illustratore. Nascevano, in sostanza, i *reportage* di guerra e quello che leggiamo è una delle prime testimonianze del genere.

Siamo dunque nel maggio del 1896: ad appena due mesi dalla disfatta, Eduardo Ximenes, del periodo *L'Illustrazione Italiana* edito dai Fratelli Treves, si unisce a una spedizione militare il cui compito, in base ad accordi presi con i vincitori, è quello di dare sepoltura ai caduti italiani ad Adua. Una missione tutt'altro che semplice, sicuramente poco piacevole: si tratta di compiere all'inverso il percorso delle truppe sconfitte, portare soccorso ai superstiti – alcuni ancora sotto assedio da parte degli uomini di Menelik – e infine giungere al campo della battaglia, nel pieno del territorio di un nemico vittorioso. L'autore assolve con diligenza il suo compito di cronista e di illustratore, lasciandoci così una testimonianza di eccezionale interesse: via via che si addentra nel cuore del continente, annota le sue osservazioni di curioso, ascolta e riporta le voci dei personaggi che incontra, i loro aneddoti, i loro commenti, e per di più ce ne lascia un ricordo visivo, fermandosi a ritrarre volti e paesaggi. Ma il valore dell'opera non si ferma al puro aspetto descrittivo: essa va interpretata, bisogna saper leggere tra le righe anche ciò che l'autore dice senza volerlo dire.

Sgomberiamo subito il campo da un possibile equivoco: per quanto all'epoca l'Italia fosse attraversata da una forte corrente di pensiero anti-colonialista (soprattutto negli ambienti repubblicani e socialisti) e nonostante ci fossero anche alcuni inviati in Africa animati da spirito critico nei confronti della politica del nostro governo, Ximenes non appartiene ad alcuna di queste categorie. È, al contrario, quello che si definirebbe *un buon patriota*: vuoi per convinzione, vuoi per linea editoriale, si dimostra sin dalle prime battute assolutamente convinto della liceità della nostra missione: il compito che si assume pare anzi essere quello di rassicurare il lettore, convincendolo che Adua sia stato solamente un incidente di percorso, al quale seguirà presto il riscatto dell'onore nazionale. Eppure proprio per questa ragione il suo racconto assume interesse: rivelando anche con una certa ingenuità il suo punto di vista su ciò che osserva, Ximenes fa un po' da cartina al tornasole, permettendoci di studiare da un punto di vista ravvicinato l'atteggiamento mentale di molti suoi contemporanei. Quasi senza rendersene conto e sicuramente al di là delle sue intenzioni, ci descrive tutta la prepotenza, l'insensatezza, in una parola lo squallore del colonialismo europeo in Africa.

Il suo diario di viaggio è, per forza di cose, segnato a ogni pagina da immagini di morte e distruzione. Nei primi spostamenti non fa che incontrare reduci della battaglia, persone ferite, bendate, in convalescenza. Al di là dei suoi compatrioti, l'immagine più cruda è quella dei soldati delle truppe ascare mutilati di una mano e un piede: dopo la sconfitta, questa è stata la punizione loro inflitta dagli etiopici per aver collaborato con l'invasore straniero. Man mano che il viaggio prosegue, poi, ciò con cui si confronta sono popolazioni ostili, soldati italiani sotto assedio, racconti di prigionieri maltrattati. Si tratta, in definitiva, di un panorama cupo, che incrudelisce quanto più i viaggiatori si avvicinano al campo della battaglia, disseminato di spoglie umane e dei resti dei loro oggetti, divise a brandelli, lettere mai inviate. Potrebbe essere quasi la discesa in un inferno dantesco africano; eppure, da buon *patriota*, il nostro testimone si sforza di mantenere addirittura un atteggiamento di ottimismo. Parrebbe quasi, alle volte, che a vincere ad Adua siano stati gli italiani e non gli etiopici; e anche quando racconta gli episodi della disfatta, riesce a sfoggiare la ben nota abilità italica nel rigirare la frittata, sfoderando una sequela di eroismi e frasi storiche degne delle Termopili.

In tutto questo, Ximenes fa tutto tranne che porsi le domande fondamentali. Non un dubbio lo sfiora sulla moralità del contegno dei suoi conterranei, non si ferma mai a chiedersi perché gli italiani siano lì e a quale scopo, né arriva a pensare che magari la ragione stia dalla parte degli autoctoni, impegnati in nient'altro che combattere un invasore straniero. Sconcertante è, per esempio, l'impassibilità con cui, giunto ad Adi-Cajè, descrive i metodi adottati dagli ufficiali italiani per reprimere quella che oggi chiameremmo la *resistenza passiva* degli abissini (pag. 63 e seguenti). I locali, infatti, hanno la buona abitudine di sabotare gli italiani rompendo, di notte, i fili del telegrafo. Per tutta risposta, i *padroni bianchi* fermano dei sospetti e, se le risposte fornite durante l'interrogatorio non li soddisfano, li sottopongono alla fustigazione pubblica. Ximenes assiste ad una di queste punizioni esemplari e, lungi dal provare alcun sentimento, se non d'indignazione, almeno di pietà, non trova di meglio che stupirsi della resistenza fisica di questi africani: un bianco – osserva – non avrebbe resistito a un paio di quei colpi di pelle di ippopotamo. Ma neppure questo ferma gli atti di sabotaggio: allora il generale Del Mayno raduna i preti del circondario e, mentre gli si prostrano invocando giustizia, minaccia di fare incendiare i loro villaggi. Più avanti, quando è costretto ad accamparsi di notte in un villaggio abbandonato, l'inviato racconta con un misto di stupore e riprovazione, quasi si fosse trattato di una forma di tradimento, che gli abitanti avevano aperto il fuoco sulle truppe italiane in ritirata (pag. 98). Ma l'episodio forse più significativo è quello del convento di Debra Damo (pag. 126 e seguenti), nel corso del quale troviamo gli italiani impegnati a maltrattare, minacciare e deridere, con tutto lo sprezzo possibile a chi si considera una razza superiore, i monaci di un monastero della chiesa copta, rei di nascondere dei beni depredati al Regio Esercito. Quando, però, Ximenes incontra dei soldati italiani catturati dai nemici e da poco liberati, con una stupefacente faccia tosta si sdegna a sentir loro raccontare di avere subìto delle percosse (pag. 154).

È un sistema di due pesi e due misure che può adottare inconsapevolmente solo chi sente di avere una missione civilizzatrice e scopre con delusione che la *civiltà* – qualunque cosa ciò significhi – ove non richiesta possa anche essere non gradita. Ximenes se ne accorge quando finalmente penetra in territorio nemico e inizia a scovare i resti dei soldati uccisi. Si lascia così andare a un'amara riflessione: « Quante guerre, quante stragi erano passate per quelle contrade! Quelle plaghe fatte deserte dallo spavento delle battaglie e delle rapine, ci avevano visto tornare indietro come scornati, impotenti a farvi regnare il lavoro e la civiltà! » (pag. 154).

Impotenti a farvi regnare il lavoro e la civiltà. C'è tutto un mondo dietro queste poche parole.

E poi ci sono le immagini. Circa 200 schizzi e fotografie accompagnano quest'opera, diario – ricordiamolo – del direttore artistico di un periodico illustrato. Sono testimonianze preziose di un luogo e di un'epoca, indispensabili per immaginare l'avvenimento in questione; a titolo di esempio, il romanziere contemporaneo Carlo Lucarelli ne ha fatto abbondante uso per scrivere un recente romanzo storico incentrato sulla battaglia di Adua.[3] Le immagini anch'esse sono una sorta di viaggio agli inferi: iniziano con placidi panorami dell'Eritrea italiana e dei soldati sbarcati, si trasformano lungo il cammino nella rappresentazione di fortini sotto assedio, soldati feriti, ascari mutilati; nell'ultima parte, alternano ricostruzioni di vari episodi della battaglia a fotografie fatte in studio dei suoi vari caduti, quasi una inconsapevole Spoon River.

TORNEREMO?

La battaglia di Adua, come detto, ebbe una serie di conseguente nefaste. Nell'immediato innanzitutto: la caduta di Crispi, il processo a Baratieri, l'umiliazione di un intero paese a livello internazionale. Come fatto giustamente notare, si potrebbe imputare ad Adua anche altri avvenimenti di poco successivi, persino la morte di re Umberto I: l'ostilità dell'estrema sinistra nei confronti nel potere sabaudo, infatti, se aveva motivazioni di ordine sociale legate strettamente all'attualità italiana, non era però estranea al malumore suscitato, in ambienti socialisti, anarchici, repubblicani, anche dalle imprese coloniali e dal loro fallimentare esito.

---

3 Carlo Lucarelli, *L'ottava vibrazione*, Einaudi 2008. Ad esempio, nel terzultimo capitolo "Fotografia" descrive in dettaglio l'immagine inserita nel cap. VII del diario di Ximenes, con due reduci della battaglia accolti presso il forte di Adigrat.

Ma esiste un'altra conseguenza, forse ancora più grave, di Adua, e risiede nella frustrazione che provocò per decenni nella coscienza degli italiani, come se fosse un'onta da lavar via un giorno o l'altro. Il diario di Ximenes si conclude proprio con un giovane soldato il quale, nel lasciare le terre teatro dello scontro, si rivolge al suo superiore e gli chiede: « Signor capitano, ci torneremo, non è vero? »

Ci saremmo infatti tornati quarant'anni dopo, al seguito dell'aquila e del fascio littorio.

Ma questa è un'altra storia.

SUL CAMPO DI ADUA

DIARIO DI

EDUARDO XIMENES

MARZO GIUGNO 1896

I

DA MILANO A GHINDA

Il disastro del 1.° marzo 1896 era stato annunciato come irreparabile. "È tutto finito! Il corpo di spedizione è distrutto!" avevano detto i primi ufficiali, che, scampati al disastro, laceri ed esausti, arrivavano dopo venti ore di marcia a Barachit.

Sbarcatoio a Massaua.

A Roma, dove si piangeva, dicevasi: fu un colpo di testa di Baratieri! Il paese tutto era caduto in una cupa costernazione.

A Milano si tumultuava, a Pavia si toglievano le rotaie perchè non partissero più i soldati per l'Eritrea.

A Napoli i rinforzi richiesti d'urgenza dal vice-governatore dovettero partire di notte: i soldati alla spicciolata entravano dal cancello dell'arsenale che si richiudeva ogni volta affrettatamente. I pezzi da campagna dovettero attraversare vie nascoste, le ruote fasciate di paglia, come le artiglierie di Bonaparte sotto il forte di Bard.

Cinque giorni dopo il disastro, il generale Baldissera aveva telegrafato al ministero: "Situazione grave. Forza disponibile, 14 cannoni da montagna, 15 mila italiani, 5 mila indigeni, tutta gente più o meno scossa. Incerte le notizie di Cassala. L'esercito scioano probabilmente si avanza per stabilirsi fra Gura e Asmara. Saganeiti poco resistente, Asmara scarseggia d'acqua."

Nulla di più chiaro e di più espressivo per delineare la gravissima situazione militare.

M'era stato concesso di partire in compagnia di 400 muli richiesti a rinforzo delle carovane. Come si stia a bordo dodici giorni in compagnia di tali viaggiatori, coll'animo sospeso per mancanza di notizie sulla sorte dei nostri soldati, è superfluo dirlo.

Il semaforo di Messina aveva segnalato alla nave la proibizione di far scendere militari in Egitto. Non militare, sbarcai per brevi ore a Porto-Said cogli ufficiali di bordo; le facce di quell'accozzaglia di russi, di francesi, di baniani e di greci che s'incontravano non erano delle più rispettose. Qualche arabo vedendoci passare ci gridava: "Italiano niente bono!". Se i soldati fossero sbarcati, qualche guaio certo sarebbe succeduto.

Ci avevano assicurato che la notte Baratieri ritornava in Italia e che l'avremmo incontrato nel canale, sul *Nilo*.

Tutta notte si stette sul ponte: la prua s'inoltrava, silenziosa, fosforeggiante di schiuma ai due fianchi, fra le strette fila delle piccole boe coniche che scappavano alla poppa. Tre fanali a colori, in fondo a riva, segnalano l'incontro di un vapore che si vede avanzare come una stella luminosa sul projettore di prora; la stella si spegne, cominciando a disegnarsi, pian piano ingrandendo, una massa bruna dondolantesi lentamente e scartando sulla sua sinistra, tarda e sbuffante.

È il *Nilo*; guardiamo insistenti, fughiamo in quel gran ventre di pece con avida curiosità tratta dallo sdegno.

La nave ci passa quasi a portata di mano; non c'era.

– Buona sera, comandante!

– Buona notte! buon viaggio!

E procedemmo avanti, ripiombati nell'ignoranza e nell'ansia, lentamente, a passo d'uomo, spingendoci pian piano, in quella fauce stretta e nera del canale, come quella d'un serpente che non finisce mai.

Massaua fu per me la terra promessa, dopo una quindicina di giorni di incertezze, di ansie, di avarie e di ritardi. Il suo aspetto era ridente, più simpatico di Porto-Said; meno triste, meno sabbioso. Porto-Said non si vede se non si arriva alla lanterna; è una lingua di terra bianca ed arsa, nessun indizio di alture, attorno il deserto. Mentre qui una corona imponente di monti, una conca dorata limitata a mezzogiorno dall'imponente e verde Ghedem e a occidente dal largo altipiano dell'Amassen, toglie ogni aspetto di aridità e di arsura.

Sull' "Entella".

Il caldo? A bordo dell'*Entella*, che fu mio alloggio ancora per due giorni, il fresco è delizioso. Di faccia, sull'*Etna* e sul *Dogali*, che ferivano l'occhio coll'argento dei loro scafi, si agitavano candidi al vento ad asciugare tutti i panni dei marinai: spettacolo che dà sempre un senso di fresco e di gaiezza particolare.

In fondo, lungo la spiaggia verso Archico e Taulud, altre navi da guerra sono disposte in modo da battere la pianura davanti a Massaua pel caso di una discesa degli scioani.

Per la banchina, un andirivieni di soldati e di indigeni.

Avidi di notizie ne cercammo al circolo degli ufficiali; là si seppe che correvano trattative di pace con Menelik. Baldissera appena arrivato sull'altipiano, sotto la minaccia dell'avanzata dell'esercito scioano, aveva mandato il maggior Salsa al campo del Negus per guadagnar tempo. Aveva fatto chiedere a Menelik la liberazione dei nostri prigionieri e il seppellimento dei nostri morti sul campo di battaglia. Aveva inviato medici, medicinali e oggetti di vestiario pei feriti e prigionieri.

In vista di Massaua.

Crispi era caduto, gli era successo il marchese di Rudinì: nell'antisala del Circolo era affisso il dispaccio ufficiale colle comunicazioni del nuovo governo.

Il nuovo presidente del Consiglio aveva esposto alla Camera il suo programma, il cui senso era questo: "Saranno continuate le ostilità; chiedo un credito di 140 milioni per la continuazione della guerra fino a dicembre. Qualunque cosa possa essere l'esito della campagna non aspiro alla conquista del Tigrè, anche se il Negus me lo regalasse. Qualunque evento mi conduca a stipulare un trattato di pace non metterei come condizione il protettorato sull'Abissinia. Il confine fra l'Etiopia e l'Eritrea sarebbe segnato dal Mareb-Belesa-Muna."

Le navi da guerra nella rada di Massaua.

Baratieri era arrivato a Massaua dall'altipiano ed era sceso alla stazione di Taulud profondamente accasciato; due suoi amici avevano dovuto sostenerlo. All'avv. Mercatelli che andò a visitarlo disse abbattuto: "Fu un momento di debolezza o di follia al qual ho ceduto?" Gli si paravano davanti le conseguenze terribili per la Colonia e per l'Italia di questa sua follia e di questa sua debolezza.

Il nuovo governatore s'era accinto subito a rimediare alla situazione difficile, raccogliendo e riordinando le forze disponibili intorno ad Asmara e Ghinda, schierandole col fronte a sud-est, l'ala destra fra Adi-Marahano e Nefasit, il centro fra Ghinda e Bàresa, l'ala sinistra fra Jangus e Archico.

Verso la metà di marzo, insieme coll'organizzazione dei reparti, e colla sistemazione dei servizi, all'arrivo di nuove truppe di rinforzo, il generale Baldissera aveva eseguito un cambiamento di fronte colla destra ad Adi-Marahano, il centro a Decamerè, e la sinistra Saganeiti.

Fra gli ufficiali ritornava la fiducia, dovunque un'animazione inten-
sa, come di riedificazione febbrile di qualche cosa che si vuole tenere
ad ogni costo gloriosamente in piedi.

Dagli ampii palazzi coloniali, si vede un formicolìo di cammelli e
di muli, una distesa di sacchi e di casse, fra cui fischia la vaporiera di
Saati, e serpeggiano rumorosi e oscillanti i piccoli treni della
Decauville di Archico e di quella che mette capo ad Adi-Beni, dove
si rifanno le colonne e le salmerie che s'avviano all'Asmara. Ma non

Ufficiali feriti nell'ospedale di Abd-el-Kader.

è gaio laggiù a Taulud, dove s'è abbassata la bandiera del comando.
Non è gaio ad Adb-el-Kader, dove, nelle baracche, soldati ed ufficiali feriti si lamentano, dove gli ascari mostrano le orrende mutilazioni.

Questi sono gli ufficiali che abbiamo conosciuti eleganti e spensie-
rati in Italia, nei ritrovi del bel mondo? Che trasformazione!... Laceri,
colle barbe lunghe ed incolte, abbronzati dal sole. Quanti e quali racconti di abnegazione e di fatiche! In Italia si restò esterrefatti, impie-
triti quando giunse il primo sciagurato telegramma che accusava i
nostri soldati di codardia. A sentire gli episodii di incredibile audacia
e di valore il cuore si riapre a emozioni nuove: e un senso di confor-

to e d'orgoglio solleva l'anima pensando a quei forti che valorosamente pugnando, caddero al loro posto di combattimento.

Fra i tucul di Taulud e di Otumlo girano processioni di donne di
casa in casa, il capo e le spalle cosparsi di cenere come tizzoni spenti,
levano alte grida, cantando a ritmo. Sono le congiunte degli ascari
uccisi ad Adua: si avviticchiano insieme, seminude, gruppi di tre o
quattro: stridono senza fine nella loro strana infarinatura. Volevo
fotografarne qualcuna di queste *fantasie* funebri; ma appena s'accorsero della mia intenzione, le donne si nascosero nel *tucul*; misero fuori

Soldati feriti di Abd-el-Kader.

dalla capanna tutti i mobili, gli *anghereb* sfondati e le giarre slabbra-
te, perchè potesse starvi dentro tutta la processione; poi abbassarono
la stuoia: due delle dolenti mi mostrarono i pugni, e, cambiando
tono, si rimisero a piangere.

Della marcia in avanti del nemico non si parlava più, si sapeva che
dopo il 5 marzo l'esercito del Negus s'era tutto concentrato nel Faras
Mai, ma non se ne conoscevano ancora con esattezza le intenzioni.

Queste notizie facevano ritardare la formazione della mia carovana:
gli indigeni, interroriti, non volevano seguirmi nell'altipiano; scappavano dopo un giorno o due che li avevo assoldati.

La vaporiera per Saati alla stazione di Taulud.

I mutilati indigeni di Abd-el-Kader.

Saati.

Iniziai la mia prima marcia il giorno 20, alle quattro e mezzo pomeridiane. È l'ora preferita, vicino al tramonto.

Di questi tramonti ne avevo fatti passare diversi a Massaua; se avessi dovuto dar retta a' conoscitori dell'Africa, chi sa quanti ne avrei lasciati trascorrere ancora! Ora era la ghirba che mi mancava, più tardi le pelli del Tibet: il mio equipaggiamento era sempre o trovato superfluo da alcuni, o mancante del necessario da altri. Per molti, per esempio, non avrei dovuto imprendere la salita dell'altipiano senza essermi provvisto, per esempio, di.... un mandolino!

Fatto sta che insellai le mie bestie alla scuderia del Comando tutto solo e me ne partii insalutato ospite.

Per quanto avessi lette le descrizioni delle partenze in carovane, per quanto vi avessi potuto essere preparato; pure l'emozione di una mossa in carovana, colla propria roba e la propria persona, affidate alle gambe dei quadrupedi e dei tre musi neri che mi facevano da servi, consegnandomi all'incerto e nuovo paesaggio, un'emozione affatto nuova mi prese, come di una trasformazione di me stesso: la trasformazione da galantuomo a brigante.

Nella giornata, il vento era soffiato insistente dal mare; nella pianura di Otumlo questo vento rappresentava una parte diversa da quella di refrigerante: lo trovai cambiato in *camsin*! Camsin genuino, autentico che turbina dal mare, da Massaua, diventato livido in fondo; che fischia radendo sulle sabbie che si levano ad onde, striscianti, come lunghe biscie di rame. Le rotaie della ferrovia di Saati, in un momento ne furono coperte; e i muli, sospinti sempre dal vento infuocato, scrollavano il carico minacciando di liberarsene. Allo svolto di Moncullo, la persecuzione di quelle sabbie fini ed ardenti fortunatamente diminuisce, e mi trovo colla mia roba avvolto in una infarinatura di cioccolata in polvere, alta un dito.

Le ghirbe nuove alle quali ricorsi subito avevano già versata e perduta tutta l'acqua, di guisa che a un'ora e mezza da Adi-Beni non avevo più da dissetarmi. Cominciavo bene: il paesaggio discreto alle mie spalle appariva ora squallido, arido, selvaggio; un quadro sconsolato che colle tenebre si fondea omogeneo. Fin dai primi passi una lunga serie di cammelli morti nell'attraversare il letto asciutto dell'Uissa che fa da strada; carogne putride davanti alle quali i muli si arrestano impauriti; poichè attorno vi conversavano le jene, nel loro linguaggio efficace di fiere disturbate nel pasto.

Fra uno strano mormorio di mille altri linguaggi sconosciuti, di rospi e di sciacalli, fra le dune friabili, fra i detriti traditori e le acacie pungenti, lasciai a destra la gola di Dogali, e il colle d'Alula, nero, messo lì apposta, si direbbe, per distruggere bianchi. Più in là, dove riprendevo la linea lasciata dei pali del telegrafo, la stazione, a cui davanti sedevano a tavola rischiarati da una lucerna gli impiegati: un'oasi! Ma l'acqua che mi venne offerta la respinsi, tanto era imbevibile; salata, calda e pesante.

Le *anche* alla stazione di Saati.

– Quanto ancora per Saati?

– Sei chilometri.

E i chilometri d'Africa devono essere tre volte i nostri, per le curve e le salite; a mezzanotte circa vi arrivai stupito di tanto squallore, di tanta negazione della vita!

Pensavo che nell'87 non si era andati che fin là, e che per allora quelle sole prospettive dovevano apparire ben misere! Le lunghe linee dei trinceramenti di San Marzano sono là intatte, profilando le lunghe curve dei colli aridi, che vanno a cacciarsi nel buio della mezzanotte.

– Chi va là!

– Italia.

E brancolando fra le tenebre fitte, pianto la casa non so dove: fra uno sdrucciolo di rottami e di mota.

A giorno alto, intorno, una zona gialla dove piomba inesorabile il sole: dalla terra risale il caldo in vampe insoffribili.

Colonna che carica munizioni alla stazione di Saati.

L'acqua è pessima, gialla come fango. Un pozzo Norton serve scarsamente ad abbeverare le bestie delle carovane di rifornimento, che ragliano e nitriscono col basto addosso fra le sabbie inclementi. Tutto è un color solo: tende, uniformi dei soldati, sassi delle trincee, cammelli, sacchi: è il colore della polvere. Riarsi dal sole, uomini e cose si confondono in un affanno d'afa e sconforto. Fortuna che a lenire le sofferenze, fin qui arriva il ghiaccio, colla ferrovia, come arriva l'acqua in *tanche* attorno a cui vengono messe subito le sentinelle.

Al ritorno dagli avamposti, cinque uomini di una compagnia cadono per insolazione.

I racconti dei reduci d'Adua che scendono a drappelli attristano oltremodo; i poveri soldati sono laceri e distrutti e il loro aspetto è misero; l'amore col quale gli ufficiali li assistono e prestano loro ogni cura è commoventissimo. Il generale Valles, che trovai al lavoro enorme di riordinamento della tappa, occupa una baracca sotto il forte Sud, e domina gli accampamenti. È ammirevole tutto questo lavorìo di rioganizzazione fatto da tutti gli ufficiali, fra il caldo e i disagi, senza riposi e tregue. Gli avamposti sono a sei o sette chilometri a sud-est, verso Adeita e Mai-Atal, o acqua dei capretti.

Nella giornata arrivano notizie vaghe di ritirata lenta del Negus verso lo Scioa, Mangascià invece con Alula Sebat ed Agos Tafari mantiene la sua fronte offensiva verso l'Oculè-Cusai.

Il maggiore generale Valles.

All'alba del 24, salgo pel sentiero che costeggia il forte Sud per la via di Sabarguma; l'aria in alto è fresca, e alla salita del colle, volgo lo sguardo in basso alla conca di Saati affogata nella caligine. Procedo e, strano! il paesaggio cambia come per incanto; davanti si stende un gran piano fiorito, verde, delizioso. Un volo di tortore si leva a tre passi, poi un altro, e poi cento altri, sempre; lanciano in alto trilli festosi, mille variopinte specie d'uccelli e colombi e brigate di francolini; in alto si librano lenti numerosi stomi di avoltoi e di aquile. Una strada larga, ampia, profonda, ti conduce fra giardini lieti di rugiada e di farfalle. Invaso da una gioia strana, infantile, smonto da cavallo e rincorro le tortore che cadono, facilmente colpite a pochi passi, finchè mi avvedo del barbaro e stupido strazio di quelle bestiole innocenti che tubano fidenti e liete a coppie argentine sui margini della strada, come i passeri della Brianza.

Ma i cadaveri di cammelli sono ancor più numerosi che sulla strada di Saati, e certe aure insopportabili turbano gli olezzi dei gelsomini circostanti. In compenso, sterminate processioni di capretti empiono del loro tenue belato. Uno dei miei diavoletti corre a cercare del latte.

– Bal-Atal,[1] grida; e, in un linguaggio breve e squillante, acquista il latte che mi presenta in una ciotola nera poco seducente, fatta di argilla cotta al sole; così che del latte non potei godere che la vista.

Nella notte erano passate per quella strada lunghe carovane d'approvvigionamento, e la colonna dei muli che vennero con noi dall'Italia. Fu, per gli ufficiali che le accompagnavano, una notte d'inferno; le povere bestie, nuove a quei disagi e alle grida delle jene, s'erano sbandate gettando i carichi; le lunghe colonne si scompaginavano per ricomporsi dopo molte ore di pena, di ricerche e di ricarico!

Per le strade, casse sfondate dai predoni, che s'erano messi essi pure in viaggio per provocare il panico nelle colonne e approfittare delle dispersioni, muli assetati, basti, una dispersione di cose che raccontavano l'accaduto della notte. Invitai alcuni indigeni a ricuperare un branco di muli che vagava; riuscii a farne legare qualcuno, presi all'americana col laccio. Poi continuai la strada conducendomi dietro le bestie ricuperate.

La lunga strada è sempre piacevole; questo cambiamento radicale, così rapido, sorprende. Attraverso veri giardini, zolle morbidissime e smeraldine; l'erba è alta; un uomo a cavallo vi si può nascondere in mezzo.

Così procedo per una quindicina di chilometri, fino a che il paesaggio ingrandisce e appare imponente. È un paesaggio italiano: vari caratteri dei più bei paesaggi nostri riuniti in un solo, dalla severa Val d'Ossola al dolce piano del Casentino. Questa conca verdeggiante, dove maturano l'orzo e il granoturco, è limitata da una corona di colli deliziosi, fitti di boschi come le prealpi bergamasche. In fondo e in alto si delineano imponenti i dorsi del Dongollo che si allacciano, al sud, al maestoso Bizen, che nasconde la cresta fra le nubi argentine avvolgentisi in capricciose volute.

Nel discendere nella conca per la strada, costruita dai nostri soldati, il caldo, l'afa si trova come a Saati; ma non brucia il paesaggio, bensì ne matura le biade.

In quel quadro, che nulla ha di africano, un desiderio ti prende di

---

[1] Padrone di capretti.

veder saltar fuori lungo il viale o in qualche dolce declivio, una villa o un palazzo, ma il paese è deserto, poichè vi serpeggia la malaria: lo popolano gli uccelli e le martore.

Dalla conca vi sono ancora cinque chilometri alle acque basse di

Accampamento di Sabarguma.

Sabarguma, dove accampano due battaglioni di fanteria. Erano arrivate le carovane di approvvigionamento, malconce: una colonna sola aveva perduto una ventina di muli restati a pascolare pei campi.

Il maggiore Coen, comandante il presidio di Sabarguma, aveva dato ordini per provvedere alla sicurezza della strada e al ricupero del materiale perduto. Così, all'uscire della conca, la mia carovana condotta da neri, selle e cassette d'ordinanza, fu presa d'assalto da un drappello dei nostri soldati, credendo d'aver sorpreso una carovana di ladri. Accorro alle grida di tutti, mi dirigo al galoppo verso l'ufficiale

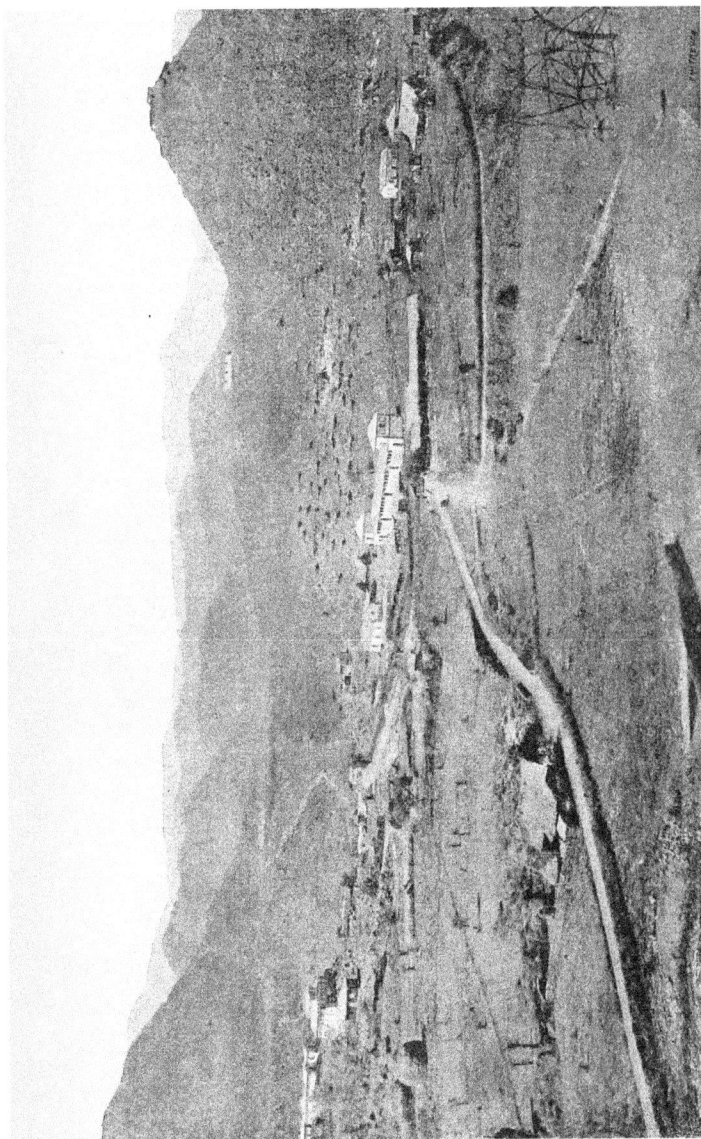

Ghinda.

per persuaderlo dell'equivoco. Sorpresa di entrambi, accompagnata da un oh! formidabile.

– Lei qui, capitano Gandini?

Una cara antica conoscenza!... Per un momento pensai al brutto rischio corso dai miei neri, già agguantati, che strillavano come aquile.

Il soggiorno di Sabarguma era insopportabile. Il termometro segnava 42 gradi all'ombra! Sotto la frascata che serve da mensa agli uffi-

Stato maggiore del generale Heusch.

ciali, dove fui invitato a colazione, me ne restai immobile dalle 10 alle 4 pomeridiane. La marcia imprudente fatta in quella piana, di pieno giorno, mi aveva messo in condizione di non potere affrontare il sole meridiano cocente: uscii al tramonto dalla baracca discretamente abbattuto.

Da Sabarguma a Ghinda il tratto non è lungo ed è delizioso. Si sale per la splendida valle del Dongollo, che chiamano la Vallombrosa dell'Africa. È un vero incanto di paesaggi e di ombrie. Ti pare di riconoscere in quella vegetazione ricca e lussureggiante i castagneti della Val Ganna, e gli uliveti di Sicilia, ma non vi sono nè castagni nè ulivi.

Nei boschi non ritrovi la quercia, mentre pare che s'era fra i cespu-

Il tenente generale Heusch.

gli; vedi il nocciuolo, ma non ritrovi che le frappe inutili che gli somigliano solo nel capriccio dei rami e nel tono dei verdi; quasi come una serra di birreria tedesca fatta di palmizi di ferro battuto! Quattro ore di marcia deliziosa fin che, allo svolto d'un leggiadro dirupo, ti appare la superba conca di Ghinda, la stazione di Massaua e degli abitanti della costa.

Sulla verde collinetta, che s'erge isolata nella conca, c'è un albergo: vi sventola la bandiera italiana. V'è scritto Hôtel Roma e il proprietario è un Cova!

Ma che Cova e Canetta! Quassù siamo nel paradiso terrestre, dopo i disagi dei primi giorni di marcia che avevano superato le mie prevenzioni. Qui l'acqua e il foraggio alle bestie, il risotto, i crauti freschi e la branda al viaggiatore. Impagabile! E il signor Cova lo sa, ne gode e non ne approfitta. Ghinda è assai ridente, in una conca iridescente di cobalto. Qui vi sono i primi fabbricati: il comando della tappa, lungo edificio biancheggiante; la palazzina del comando e altre edicole a foggie varie che staccano fra i *tucul* e le baracche. La valle è piena di accampamenti. Al sud s'eleva il forte egiziano, costruito contro guerrieri armati di lancia, alla sua sinistra, in alto, un altro fortino che chiamano il *Nido dell'aquila*, di discutibile efficacia contro un'invasione dall'altipiano.

Qua si fermano i negozianti proveniente da Gondar e dal lago Tzana coi loro carichi di caffè. Facciamo volentieri, dicono, pei nostri commerci i 700 chilometri fino a Ghinda, ma non ci arrischiamo a fare gli ultimi settanta per andare a Massaua! La zona di fiamme, le due piane di Saati e di Saberguma li atterriscono. La ferrovia di Saati prolungata fino a Ghindaa farebbe accorrere un grande numero di negozianti, certi di vendere i loro prodotti portati direttamente a Massaua, piuttosto che venderli male a pochi incettatori greci e baniani, che vanno a incontrarli alle falde dell'altipiano. Di questa ferrovia se ne parlò a suo tempo, ma non se ne fece poi nulla. Il tracciato non riuscirebbe difficile, poichè non occorrerebbero opere d'arte di grande rilievo. Quanto si sarebbe risparmiato nelle spese di carovane che costano milioni e milioni! A quest'ora sarebbe pagato altro che ferrovia!

Il signor Cova mi diceva, che nelle acque calde della vicina Ailet, accorrono ad immergersi malati non solo dall'Abissinia, ma dai più lontani paesi dell'Africa, fino al Transval, che sanno della virtù miracolosa di quelle acque.

– E lei che cosa ne pensa di queste virtù?

– Dico che ho visto dei veri miracoli; altro che Lourdes! Ho visto ritornar guariti da mille mali quasi tutti quelli che vi si sono recati.

A Ghinda v'è il comando della divisione Heusch.[2]

Il generale Heusch il primo marzo veleggiava verso l'Eritrea con dodici nuovi battaglioni a rinforzo del corpo di operazione!

Heusch è argomentatore sottile: viene, a proposito di temerità militari, a considerazioni argutissime.

– Se i nostri ufficiali, egli dice, lasciassero una buona volta a casa il bastoncino di maresciallo che si preparano prima di partire per l'Africa!

– Vedrà, lassù all'Asmara, il generale Baldissera; vedrà un uomo equilibrato, calmo, che prende sul serio il proprio compito e la propria responsabilità. Spoglio della malsana passione del rumore attorno alla propria persona e della pubblicità, possiede un colpo d'occhio rapido e una intuizione chiara delle cose, accompagnata da quella semplicità di procedimento e da quell'energia che sono le secrete qualità di chi riesce.

---

[2] Il quartier generale della divisione Heusch (2.a) era così composto: Tenente generale *Heusch* Nicola, comandante; Maggiore di S.M. *Angelotti* Cleto, capo di S.M.; Capitano di S.M. *Mussolini* Evaristo; Capitani alpini *Cattaneo* Ernesto, a disposizione, e *Rubiolo* Ernesto, comandante del Quartier generale; Tenenti *Francesetti* Pio, ufficiale d'ordinanza, *Miravalle* Achille, addetto alle salmerie, *Bianciardi* Rinaldo, contabile.

Tutto ciò, detto dal generale Heusch, aveva per me un valore grandissimo. Mi spiegavo la nuova vita, l'impulso nuovo, la fiducia ispirata a tutti, ufficiali e soldati; e lasciai il Bàresa senza quella tristezza opprimente che m'aveva invaso nei primi giorni allo spettacolo della nostra colonia sfasciata, minacciata da presso, coi nostri avamposti ancora agli appostamenti dell'87!

II

ALL'ASMARA

La strada nuova da Ghinda all'Asmara è molto più agevole ma assai più lunga della vecchia, quella di Arbaroba: cinquantadue chilometri,

relativamente dolce nella salita, tenuto conto del dislivello di 1350 metri che deve superare.

Questa strada è percorsa da lunghe carovane di cammelli e di muli, che portano derrate e munizioni ad Asmara e ne tornano con feriti e soldati sbandati. È anche questa seminata di carogne di muli e cammelli caduti estenuati dalle fatiche; è la strada militare per eccellenza, ma non offre le attrattive pittoresche, descritte dai viaggiatori, dell'altra strada di Arghesana e Filogabai. Preferii quest'ultima anche perchè è più corta di una quindicina di chilometri, sebbene assai ripida. Ras Alula ne batteva, a suo tempo, un'altra a nord, ancora più scoscesa, abbreviando di cinque chilometri il percorso Ghinda-Asmara.

L'attrattiva di scendere all'altipiano pel passo di *Mai Hinzi* e per le *Porte del Diavolo* era per me seducente, ma mi avevan fatto osservare che allora, arrivando per la strada corta, ad Arbaroba conveniva riprendere l'ultimo tronco nuovo che abbandona *Mai Hinzi* e le famose *Porte*.

La strada dopo Ghinda è pianeggiante per un tratto di quattro o cinque chilometri; si percorre il Bàresa dove nelle pozzanghere si abbeverano i muli; poi l'acqua si perde nel greto, terminano gli accampamenti e finisce il piano.

Padre Michele da Carbonara.

La valle di Ghinda si presenta con balze silenziose e solenni, aggrovigliate di tronchi e cespugli. Nuove e svariate specie di gazze variopinte e di tucani dai grandi becchi schiamazzano, frullando fra gli intrecci selvaggi delle liane. È questo il regno delle scimmie che radono lente a processione, una ad una, il ciglione, profilantisi sulle balze azzurre dello sfondo; è questo il regno degli avvoltoi, che a brigate di cento saltano, col collo nudo, aiutandosi colle ali spiegate, come fossero zoppi, scansando gli anfratti e le spaccature, a venti passi dal viandante. È il regno delle tortore, degli storni, dei merli e delle cutrettole, dei grilli e delle tarantole.

Procedendo, i profili della valle cambiano, giurandosi di non somigliarsi mai, come gl'intrecci nel caleidoscopio: motivi sempre nuovi e solenni di orridi e di precipizii. Il sole passando tra i frastagli e le frappe, manda fasci di scintille sugli schisti e sui detriti granitici dell'alveo riarso. Si sale sempre sotto archi trionfali di convolvoli e di edere sconosciute; qua e là, rari accenni di umidità di cui vi fa accorti un popolo di farfalle che vi si infligge.

Filogabai.

Dall'alto, in fondo, scende lentamente una figura bianca a cavallo: non è un arabo nè un abissino, poichè porta un cappello a larghe tese, candidissimo. La figura s'avvicina accompagnata da un giovanetto nero col cappello di paglia all'europea; è padre Michele da Carbonara che se ne viene tutto solo dall'Asmara. Lo riconosco dalla sua barba fluente, veneranda, dai ritratti resi popolari in Italia, lo avvicino baciandogli la mano e chiamandolo per nome. Mi fissò in volto quasi per richiamare alla memoria chi fossi: – A Cassala ci battiamo, lo sa? – e soggiunse subito dopo con aria soddisfatta: e questa volta, pare, con esito fortunato.[1] – Gli chiesi particolari – li ignorava. Scendeva fino a Massaua dove andava a visitare alcuni frati della sua Missione che giacevano ammalati di febbre. La fiducia e la facilità colle quali viaggia sul suo muletto, tutto solo, la dolcezza dei suoi occhi, danno all'aspetto di quel bel vecchio un raggio che pare di santità. Il giorno avanti, all'Arbaroba, dei predoni avevano sparato contro due soldati in ritardo.

– Vede, io non ho armi, e i ladroni non cercano che di impossessarsi dei fucili.

Consolante notizia per chi ne possedeva qualcuno!

Dal punto dove lasciai padre Michele fino all'Asmara, non c'è più una stilla d'acqua: ventiquattro chilometri circa, asciutti come uno scheletro.

A Filogabai d'un tratto cambia completamente il paesaggio, poichè, già guadagnata una notevole elevazione, la valle s'apre come a terrazza e si veste tutta di euforbie. Con esse si perdono affatto i ricordi del paesaggio nostrano; dal basso in alto, sin sulle vette dei più lontani dirupi, stendono le braccia, come le alghe del mare, quei candelabri giganteschi. Imperano da soli, diffondendo ovunque una mestizia d'opale velato, senz'ombra e senza lume.

Su per la scoscesa salita s'arrampicano quelle euforbie, di balza in balza, come i muletti, tra le fenditure e sui massi. E si sale per ore, su mille curve e mille scivoli; si ascende in un labirinto che vi attira in alto, sempre più in alto, dove si spera posare in un margine fissato che si rinnova le cento volte. Volgendo lo sguardo indietro, in basso, pare un sogno di esser tanto saliti e vi sgomenta il ripetersi dell'erta davanti.

Ma dove siamo andati a ficcarci? pensavo: dove s'annida questa Asmara curiosa? Come mai siamo venuti ad imperare quassù, tanto lontana dal mare, fra tanto intreccio d'agguati?

L'erta s'arresta ad un tratto, e all'uscita, dal collo della valle, attraversa il piano una strada nuova, un'ampia e bellissima strada, quella fatta dagli Italiani, la più lunga. È incisa sul fianco squarciato della montagna, come il solco del dito d'un Titano che ne abbia segnato i profili e le curve; è la strada di cinquantadue chilometri che ha piombato la vecchia strada, laggiù nell'abisso. Quest'opera della civiltà

---

[1] Era il 6 di aprile ed erano arrivate le notizie dei primi combattimenti che condussero poi alle vittorie di Monte Mocram e di Tucruf.

nostra, fra quegli orridi lontani procura un senso di sorpresa, di com-
piacimento e d'orgoglio. Per questa strada procedono lente le colonne di cammelli, di muli e di soldati. L'incontro delle due strade è
segnato dalla cantina d'Arbaroba dove Ferdinando Martini trovò
l'oste pisano; ora la cantina ha il tetto sfondato e la porta sconquas-
sata. I ladri, che in quei giorni trionfavano, entrati dalla finestra,

Sul ponte dell'Asmara.

ammazzarono il servo e bevettero le bottiglie! Da bere non ce n'era
più per nessuno, e gli altri undici chilometri, nuovi fiammanti e
infiammati da un sole da altipiano, le povere mie bestie li trottarono
di cattivissima voglia.

Il sole cadeva in tramonto da presepio, e tutt'intorno era polvere
d'oro: in fondo, pavonazzi, contrastanti col rubino delle nubi, profili lunghissimi di palagi e di tempii; per la polvere d'oro dromedari
e beduini senz'ombre, come se non posassero, vaganti in un fondo
tebano: i palazzi e i tempii erano il forte Baldissera e le case di ras
Alula, i dromedarii e i beduini.... le carovane della sussistenza militari.

A quell'ora, dopo dieci ore di viaggio, la capitale dell'Amassen sem-
brommi una grande metropoli. Lasciando a destra le pietre di Az-

Nefas per una larga strada battuta fra le zolle rimosse dall'aratro, attraversando due ampi gruppi di *tucul* popolati di ascari in *tarbusc* e di *madame*, scansando *diavoletti* che corrono sul muso del cavallo, s'entra fra uno strano miscuglio di ricoveri, di paglia e di sassi, di mattoni e di fango. Fra essi s'ergono edicole con una sola finestra accan-

Rifornimento delle carovane al forte Baldissera.

to alla porta: un paravento di case bianche che sono le Procuratie d'Asmara. Più in là un rialzo cintato, colla posta e un ospedale: dopo il triangolo, gli edificii eleganti del Governatore, del Comando e del Circolo.

Risalendo verso la strada del forte, il panorama d'Asmara si presenta vasto e pieno d'animazione. I quattro gruppi principali di *tucul*, disposti a larghi intervalli, ne abbracciano altri minori, fra tutti passano due larghe e lunghe strade tagliate nella terra rossa, popolate di soldati bianchi e indigeni. Un gruppo alto di tuguri a nord-est, dove una chiesa cofta è collocata in una stessa elevazione, segna il punto dell'antica Asmara. Una chiesa cattolica in costruzione, che arieggia lo stile lombardo, sorge di faccia a quella cofta coll'abside rivolta verso il piccolo colle ove Ras Alula elevò i suoi due *tucul*. Ora, in quel recinto, trincerato, signoreggia il tenente Sapelli colla sua banda.

Pel gran piano di Asmara ferveva la vita, era un salire e un discendere di colonne di munizioni da guerra, giù dal forte Baldissera dove sono i grandi magazzini delle sussistenze e il macello, invaso la notte dalle iene. Nel gruppo dei *tucul* dietro al forte, detto appunto il villaggio della *jena*, convenivano gli ufficiali commissarii, era un arrivare e un ripartire continuo di ufficiali carovanieri; sempre affrettati.

Sugli spalti del forte Baldissera.

– Vengo da Decamerè, da Gura, riparto stanotte per Saganeiti, per Adi-Cajè, – come se avessero detto: vado a fare una passeggiata qui dietro al bastione! E alla *jena* dove presiedeva il capitano Dolfin e il tenente Peroni[2] apparivano e scomparivano, addentando un pezzo di carne, ingollando un bicchiere di vino, affaccendati, pieni di polvere

---

[2] Il tenente contabile Peroni aveva ideato e costrutto, utilizzando le vecchie lastre dei fortini Spaccamela, un forno da campagna capace di 100 razioni di pane. Uno solo di questi forni poteva provvedere il pane a un battaglione, poiché dava 1000 razioni in 24 ore; il forno era molto semplice di facilissima costruzione, s'impiantava in 30 minuti. La Brigata Barbieri aveva anche iniziato la costruzione di forni nella zolla viva, come era già stato sperimentato nel primo periodo della campagna, dando ottimi risultati, per cui tutto il corpo d'operazione se ne giovò.

e sempre volenterosi i tenenti d'Ercole, Ancona, Giusto, Mondello, Filetici.

Erano i grandi personaggi del momento questi ufficiali commissarii e carovanieri: gli arbitri della situazione. Lassù, dove la fame di cenare bene s'era allargata, convenivano ufficiali di tutti i gradi, di tutti i reparti, di tutte le armi, a volta a volta, sera per sera, quando pel disimpegno degli ordini avuti dovevano recarsi al forte. La *jena* era una specie di succursale del circolo degli ufficiali, che stava lontano,

Lo scannatoio dietro al forte.

al piano, vicino allo *chalet* del governatore. E come al circolo, gli ufficiali a gruppi qui pure si scambiano gli episodi della giornata di Adua di cui furono spettatori, ricostruiscono la campagna disgraziata, fatto per fatto, aneddoto per aneddoto, da Amba Alagi a Macallè, ad Adua.

Sono racconti di atti di pietà e di valore commoventissimi.

Al campo del Negus per iniziare trattative di pace, o meglio, per il bisogno di guadagnar tempo e organizzare una qualsiasi difesa, era stato mandato il maggiore Salsa. L'esercito scioano, imbaldanzito dal successo, minacciava dall'Entisciò e dal Mareb una irruzione nella colonia.

Il tenente Roversi, l'antico residente del Saraè, aveva accompagna-

Il forte Baldissera e la caserma dei carabinieri all'Asmara.

to il Salsa nel campo scioano. Raccontava come varie fossero le sorti dei nostri prigionieri a seconda del ras che li custodiva. Ve n'erano degli impazziti o vicini ad esserlo. Ufficiali scalzi, che facevano la *corvée* coi soldati passando il secchio in catena. Soldati straziati dalle feri-

Il forno Peroni in funzione.

te male o punto medicate, laceri, seminudi, aggirantisi di capanna in capanna chiedendo l'elemosina di un pugno di ceci!

– Passavamo con Salsa nel campo di Maconnen, – dicevami Roversi – e a pochi passi da noi una colonna di soldati italiani procedeva per qualche *corvée* guidata da un ufficiale, che al vederci sgranò gli occhi e ci gridò: – Ebbene, fratelli, che c'è? Che fate? – e, comprendendo dal nostro contegno riservato, soggiunse subito: – Che notizie di date? – E il Salsa a lui, per rassicurarli: – Buone notizie, siate allegri. – L'ufficiale si avvicinò alla colonna e rivoltosi ai suoi laceri, infelici soldati, gridò loro con voce convulsa: Viva, viva l'Italia!

La processione de' feriti sugli *angareb* e sui muli continuava interminabile avviandosi alle infermerie. Mangascià ha gridato *abiet!* (giustizia) a Menelik, perchè gli conceda il taglio delle mani e dei piedi per gli *ascari* prigionieri; l'Abuma Theodorus l'appoggia e l'ottiene. Ne sono tornati più di trecento di questi poveri mutilati e popolano le infermerie militari e della Croce Rossa, i cui medici si moltiplicano.

Esercitazioni degli indigeni all'Asmara.

Triste spettacolo quello di questi infelici colla mano destra e il piede sinistro troncati, avvolti in larghe bende, portati a braccia dai compagni, tremanti dalla febbre e dal dolore! L'infermeria Toselli ne ha piene le corsie.

Da Asmara per Adiqualà partono vere colonne di donne: madri, mogli, sorelle di ascari che si recano oltre il Mareb, a rischio d'essere uccise anch'esse, per rintracciare e ricondurre i loro congiunti.

Il governatore era tornato il 28 marzo da una escursione nell'interno, dall'Oculè Cusai; accompagnato da pochi ufficiali e pochi armati delle bande, s'era spinto fino a Toconda per riconoscere le strade, aveva fatto partire alcuni riparti del Genio per scavare pozzi in località adatte per accampamenti, per raccoglier legna, riattare e costruire strade di collegamento.

Aveva potuto constatare l'insufficienza della "portata logistica" della strada Asmara-Adi-Cajè e si accingeva ad aprire una nuova arteria di comunicazione, riordinando le due strade di Archico-Maio-Adi-Cajè e di Saati-Saganeiti, iniziando per quelle vie il servizio di rifornimento allo scopo di costituire in Adi-Cajè forti magazzini di vettovaglie.

Tutti i soldati incolumi, fanteria ed alpini, di ritorno da Adua,

Un ascaro mutilato.

erano stati, con mirabile alacrità, riuniti dal colonnello Brusati, reduce valoroso dal Rajo. Costituì con essi quattro battaglioni, forti ciascuno di 600 uomini, inquadrandoli con tutti gli ufficiali reduci dal combattimento e con quelli disponibili a Massaua giunti dall'Italia.

I battaglioni indigeni erano stati riordinati singolarmente; a sostituire gli ufficiali caduti vennero richiamati gli ufficiali che non avevano attribuzioni o che avevano chiesto di essere trasferiti negli indigeni. I posti troppo avanzati erano stati ritirati lasciando solo presidiati i forti di Saganeiti e di Ada Ugri.

Il 3 aprile il colonnello Stevani aveva liberato Cassala dall'assedio dei dervisci; ne aveva attaccato i trinceramenti a Tucruf. Il nemico scoraggiato dalle perdite subite s'era volto in fuga abbandonando armi e vettovaglie; così che il confine occidentale non dava più al governatore preoccupazione alcuna.

Un nuovo corpo d'operazione veniva ordinato su due divisioni e un nerbo di truppe *non indivisionate*. Il generale Baldissera ne andava costituendo i comandi.

Gli ufficiali medici delle infermerie di Asmara.

A comandante la prima divisione chiamò il tenente generale Del Mayno, coi due generali brigadieri Bisenti e Barbieri; la divisione ebbe una forza complessiva di 300 ufficiali, 8500 uomini di truppa. Alla seconda divisione prepose il generale Heusch la cui prima brigata era al comando del magg. generale Gazzurelli e la seconda a quello del magg. generale Mazza, con una forza complessiva di circa 300 ufficiali, 8000 uomini di truppa. Alle due divisioni erano assegnate tre batterie per ciascuna.

Le truppe non indivisionate, tutti i presidii e servizi fissi sommavano complessivamente ad altri 720 ufficiali, 23,300 uomini di truppa,

Dettatura degli ordini del giorno alla palazzina del comando.

La batteria sudanese nel forte Baldissera.

comprendendo: una brigata di fanteria di 3 reggimenti comandati dal magg. generale Valles, il 6.° reggimento d'Africa comandato dal colonnello Corticelli, un reggimento di bersaglieri comandato dal colonnello Paganini, un battaglione di fanteria di stanza ad Adi Ugri comandato dal maggiore Morin; il corpo degli indigeni (5 battaglioni) comandati dal colonnello Stevani, le bande Mulazzani e Sapelli e la batteria indigena capitano Costantini. In questo nucleo erano compresi il presidio di Adigrat e altri reparti e presidi minori. Complessivamente una forza di 41 mila uomini.[3]

Al forte Baldissera ferveva il lavorìo di assestamento, sotto la direzione del maggiore Amoretti, i ridotti venivano guerniti ed armati efficacemente, come era stato fatto per gli altri forti retrostanti. La famosa batteria di mortai, stata inviata nel febbraio come *formidabile strumento di guerra*, contro le posizioni fortissime degli scioani, era stata relegata in uno dei ridotti del forte, perchè ritenuta qui inefficace ed inutile.

Al dieci di aprile erano stati superati gli ostacoli opposti dal cattivo stato delle strade, dalla mancanza d'acqua e dalla dubbia sicurezza delle retrovie.

Il comandante in capo poteva iniziare il restringimento del fronte delle sue forze e iniziare l'avanzata del corpo d'operazione su Adi-Cajè.

Dopo una catastrofe ritenuta irreparabile, in così breve tempo era stato rifatto un esercito, si riprendeva la guerra e si avanzava!

---

[3] Per le operazioni nell'Agamè e per la colonna incaricata della dimostrazione su Adua, furono poi utilizzati 19 mila uomini soltanto, di cui 15 mila italiani e 4 mila indigeni.

III

MAI-SARAU

Il posto più avanzato, dopo riordinati i riparti dispersi e incorporati nei battaglioni nuovi arrivati, era quello di Adi-Ugri. La mossa innanzi verso Adi-Cajè fu iniziata da Saganeiti. La brigata Mazza (3.° e 7.° regg.) fu la prima ad occupare Adi-Cajè ove attese immediatamente a

trincerare le posizioni, a scavare pozzi e abbeveratoi. Il giorno 8 marzo fu occupato, a sud-ovest di Asmara, Schichet dal 1.° reggimento bersaglieri, allora composto dei battaglioni 4.° e 5.°, a cui in seguito furono aggiunti i bersaglieri dai battaglioni che combatterono ad Adua, riuniti dal maggiore De Stefano in un battaglione solo che fu chiamato 2.°.

Nei primi d'aprile la brigata Barbieri si era portata a Gura, mentre che il genio e le sussistenze, irradiando da Decamerè, preparavano gli

accampamenti di Mai-Sarau, Gura e Adi-Cajè. Gli estremi avamposti, formati dal 5.° battaglione indigeni, vigilavano dal passo di
Toconda sulle alture di Zeban-Zighib e di Adi Legi, presso Coatit.

Il quartier generale mosse da Asmara per Saganeiti la mattina
dell'11 aprile. Io mossi da Asmara per Decamerè.

Da Barantanti fino quasi a Decamerè il paesaggio è imponente.
L'ulivo selvatico contorce voluttuoso il tronco, facendo scintillare al sole le sue frappe d'alluminio: tutte le accartocciature barocche e fantastiche dei disegni di Calame e tutte le trasparenza ideali della tavolozza di Rose Bonheur. Si attraversano siepi di gelsomini, di acacie in fiore e di *lillà*, cactus fioriti e piccole agavi delicatissime. Queste siepi fiancheggiano e intralciano salite e discese non altrettanto poetiche, e richiamano esse sole tutta l'attenzione del viandante, togliendo ogni velleità di estetizzare: ogni passo è una conquista sulla vita! In fondo alle convalli s'aprono conche arate, pronte a ricevere le sementi, arature superficiali, primitive.

Il maggior generale Mazza.

Nel piano, Barantanti è rappresentato da un prato ridente e verde per acque correnti, dove corrono a dissetarsi numerosi gli armenti.

Procedendo, il paesaggio assume aspetto ognora più vado e più pittoresco: una serie di colli s'intersecano, s'incontrano, s'accavallano; colli ricchi d'arbusti, che paiono mortelle e quercioli, colli screziati di fiorellini garanza come di peschi in fiore. L'euforbia, più rara che a Filogabai, decora e trasforma in giardini quei declivi. L'acqua non v'è

– nè in torrente nè in rivi, – non c'è un ciottolo arrotondato, poichè l'acqua perenne non l'ha mai corroso. Nè pendii, nè valli: un labirinto senza fine di cui si segue il sentiero incerto che per lunghi tratti solo s'indovina.

Alle 4, dopo un riposo di due ore sotto il primo grande sicomoro che s'incontra, parto da Addi Uordì.

Il sicomoro è la terra promessa del viaggiatore che batte quei poggi nelle ore meridiane: apre i suoi rami larghi e radenti, ricchi di fronde verdi che donano ombre deliziose. Spesso il sicomoro è anche vicino all'acqua e la sua presenza, dopo parecchie ore di marcia, letifica assai.

Da Addi Uordì comincia una salita ripidissima, dove i massi porosi incastrati nel terriccio franano al peso delle cavalcature; dall'alto appare, in largo anfiteatro, un panorama vastissimo: le lontane vette dello Scimenzana a sinistra, i frastagliamenti capricciosi dell'Entisciò a destra; ma la natura non ha

Il maggior generale Barbieri.

ancora aspetto assolutamente africano. Se i profili ortografici cominciano ad assumere lievemente le forme immaginose delle ambe, pure l'insieme ricorda il gruppo fuggente delle Madonie, visto tra il brullo dei latifondi.

Al tramonto cade l'umidità che fa sbocciare i gelsomini e su quella strada, verso Decamerè, il paesaggio si spoglia d'ogni vegetazione, poichè questi terreni a zone rinverdiscono e a zone ritornan aridi.

Lo stato maggiore del generale Del Mayno sotto il sicomoro di Mai-Sarau.

Il tenente generale Del Mayno.

Decamerè è triste nella sua conca di polvere e di detriti. È sera, e a venti minuti, a destra, il fortino di Gura scintilla di fiammelle; là dentro, un gruppo di ascari e una mezza compagnia di bianchi collegano il contatto fra le brigate del generale Bisenti a Gura e del generale Barbieri a Mai-Sarau.

Pernotto fra il lamento dei feriti e dei mutilati, mutilati indigeni

che arrivano a processione da Adua, da Saganeiti e da Adi-Cajè, e qui
fan tappa. Pernotto col concerto dei grilli e il gracidare insopportabile dei rospi; e poichè per la stanchezza, dopo una marcia di nove ore
non apro la tenda, mi sdraio per terra in una baracca di frasche.

Il sicomoro di Mai-Sarau.

Decamerè è creata stazione di rifornimento, dove le carovane si
alternano di ora in ora. Queste carovane, composte di cento o cento-
cinquanta muli straccarichi, sfilano per chilometri e chilometri di
sentieri assassini, dove le carogne sbarrano il passo. I muli spaventan-
dosi sconquassano il carico, s'incapestrano, si scompaginano, e fuggono! Spesso la carovana è comandata da un solo ufficiale che vola al
galoppo, dalla testa alla coda della salmeria per 500 metri, venti volte,
accorrendo, riparando, animando, minacciando; scongiurando lo
sbandamento e il disastro!

Decamerè rifornisce Gura e Mai-Sarau di viveri e di biade, dov'è
accampata la divisione Del Mayno.[1]

---

[1] Il quartier generale della divisione Del Mayno (1.a) era così composto: Tenente generale

Interrogatorio degli spioni.

Del Mayno Luchino, comandante; Tenente colonnello di S.M. *Arimondi* Francesco, capo di stato maggiore; Capitano di S.M. *Sailer* Emilio; Tenente dei granatieri *Galluppi* Vincenzo, a disposizione; Tenenti di cavalleria *Emo Capodilista* Lionello, ufficiale d'ordinanza; *Pedulli* Giulio, ufficiale d'ordinanza; Tenente di fanteria *Roppa* Clemente, comandante del quartier generale.

Il capitolo di Digsa allontanato dal campo.

Quando arrivai al grande sicomoro che ombreggia il letto delle acque verdastre del Sarau, del Mayno riuniva tutti gli ufficiali a gran rapporto. Era ritornato da una ricognizione fino a Coatit, dove aveva studiato il terreno e la strada orribile che vi accede. – Dicevasi che la prima divisione sarebbe andata direttamente a Senafè, senza passare per Adi-Cajè. Il generale Baldissera, muoveva lentamente le sue brigate a scaglioni per assicurarsi che le truppe avrebbero trovato i pozzi, i forni e le strade.

La sera del 16, era arrivato ad Adi-Cajè il generale Heusch, pronto ad avanzare colla sua divisione. Del Mayno ammassò la brigata Barbieri allo sbocco dalle due strade di Adi-Cajè e Saganeiti. Il generale provò i ferri del mestiere: spiegò la brigata in una estensione di un chilometro circa, e la passò in rivista. I tre battaglioni di bersaglieri, i tre battaglioni di fanteria e la brigata di tre batterie da montagna sfilarono, come in piazza d'armi. Non c'erano più cappelli possibili pei soldati; dell'antiestetico cappello alla territoriale a taluni non restava che qualche brandello. Ma quei soldati sfilano fieri, colla testa alta, verso il generale che li fissa uno per uno attentissimo.

– Manderanno presto gli elmetti d'Italia? - gli chiesi.

– Che mandino la farina – rispose secco, volgendosi dal suo bel sauro egiziano.

Le tende dei tre generali della prima divisione sono riunite insieme a quelle degli aiutanti, degli uffici e del telegrafo. Sotto il grande sicomoro sono le mense, e al tramonto vi si discorre degli avvenimenti che non avvengono, o che non si conoscono, al buio di notizie del Comando, parchissimo nelle comunicazioni.

In questa zona, nei primi di marzo, s'erano manifestati sintomi di ribellione: ras Alula, vigilando da Debra-Damo le provenienze dell'Oculè-Cusai, fomentava la rivolta, ma i terrazzani si limitano a romperci il filo telegrafico ogni paio d'ore. Arrivano gl'indigeni, presi agli avamposti o bazzicanti pei campi, e restano legati tutta notte ai rami strascicanti del sicomoro, impassibili, come non si trattasse di loro. L'indomani, dopo l'interrogatorio, ricevono qualche dozzina di curbasciate, quando non sono cinquanta, se le risposte dell'interrogato non soddisfano abbastanza. Un bianco che ricevesse uno di quei colpi, dati colla terribile striscia di pelle d'ippopotamo, non potrebbe certo resistere al secondo, specialmente se ricevuto coll'inflessibilità spietata, che l'indigeno al nostro soldo usa verso i puniti della sua razza. Durante il supplizio chinansi, ventre a terra, e si aggiustano sotto la testa lo sciamma; non emettono un lamento, solo una specie di miagolio sordo accompagna un leggiero movimento dei loro piedi, mentre la nera coda fischia dall'alto e cade infossandosi nelle carni.

Questo lo spettacolo, dirò così, più emozionante; ma gl'indigeni seguitano a tagliare il telegrafo con una costanza senza pari e i *ciccà* a pagare multe di buoi.

La bontà ha un limite, e il generale Del Mayno riunì tutti i preti dei dintorni, che ne vennero colle croci di piombo e gli sciamma bisunti a prostrarsi e a gridare *abiet! abiet!*

Il maggior generale Bisesti.

– Avete abusasto della mia pazienza! – gridò il generale dopo due squilli di tromba, fra il gruppo pittoresco de' suoi ufficiali, – badate, che se sarà rotto ancora una volta il telegrafo, vi brucerò tutti i villaggi.

La schiera dei *cristos*, come li chiamiamo, si prostra baciando per terra; le donne che seguono il corteo dei reverendi in turbante, elevano alte grida e caricansi di sassi il collo e di cenere la testa. Il *memer* non vuole parlare, uno squillo di tromba glielo impedisce e la turba è cacciata via, mentre il generale volta le spalle e si ritira sotto la sua tenda. La sera il telegrafo veniva tagliato ancora, ma questa volta un po' più lontano!

Per quanto mi sforzassi di farla da spettatore, pure mi toccava spesso di farla da attore e qualche volta da attore principale. A *Mai Emarò* (acqua cattiva) alla riunione dei maggiorenti di quelle terre, dove ero andato col direttore del quartier generale in cerca d'orzo e buoi per la divisione, feci da medico ed ebbi il posto d'onore in un *angareb* ricoperto di pelli. Era giorno di nozze, la sposa se n'era partita, ma era restato in casa l'apparato festivo: le frasche sul tetto e le pelli sulle pareti. Di armi non se ne vedono più; poichè dopo il disarmo, i soli ciccà hanno il permesso di possederne. Ci vollero servire dei rinfreschi! È assai interessante assistere a una di queste scene, dove sono riuniti tutti gli anziani dei villaggi vicini, sotto il vestibolo coperto di paglia, attorniato di rialzi in pietra e su panchine di fango coperte di pelli mal conciate. Una trentina di nere figure stanno accoccolate silenziose e severe rivolgendoti lo sguardo indagatore e diffidente. Il più anziano parla con calma, pesando le parole, e l'interprete traduce. L'oratore pare si sforzi di sapere se il senso delle sue parole è fedelmente tradotto; talune volte dalla nostra risposta comprende che non fu ben capito e col gesto persuasivo spiega meglio all'interprete il suo concetto.

– Vedono che non abbiamo potuto dare nemmeno orzo alle loro cavalcature, non abbiamo che dura! Il signor generale deve persuadersi che se noi avessimo dell'orzo sarebbe roba sua!

Venne lo *scirò* in un tegamino di sterco di bue coperto da un cupolino di vimini. Lo *scirò* è una salsa di farina di ceci e di *berberi* che brucia la lingua maledettamente; nello scirò intingono l'*engerà*, fatto di una farina nera che chiamano *taf*, servito in ampie ceste coperte. Quell'engerà di taf è una specie di pattona nera, a mille strati, bucherellata come un alveare di vespe. Presa una falda di questa torta se ne servono per portar via lo *scirò* dal tegamino e stenderlo sul resto dell'angerà. Lo assaporano con una voluttà grandissima, socchiudendo gli occhi, scandalizzandosi della ripugnanza di noialtri.

Poi ci offrono il *suah*, una specie di *tecc*, di fango cioè, che non si deve respingere, a meno che non si rifaccia la scena di compare Turiddu e *uscire all'aperto*.

Essendosi stabilita un po' di confidenza per le libazioni del *suah*, il *ciccà* mi fece parlare in disparte, voleva sul serio gli guarissi gli ammalati.

– Venite al sicomoro di Mai-Sarau, domani presso la tenda del generale.

E l'indomani, a duecento metri lontano, sul ciglio del dirupo che mi sta di faccia appena fatto giorno, vedo riunita una vera turba di straccioni piagati!

Con unzioni di vaselina medicai le piaghe, e feci ingollare pillole d'aloe ai malati di ventre; operazioni fatte coll'impermeabile e il cappuccio in testa, al sole. Tutti baciano la croce rossa della cassetta di medicazione. Il generale, che assiste da lontano alla scena, sorride.

Più tardi ci portarono orzo per i muli.

Non potei continuare a fare il medico nei villaggi per non imbattermi in garasmacc Metelcà, che scorrazzava vicino con una cinquantina di briganti; ero poco sicuro del rispetto di costui per la medicina.

Egli ci tolse perciò anche l'onesto piacere delle caccie copiose e delle escursioni ardite; il generale non ce le permise più, visto che il brigante si divertiva a sparare, come fece contro il nostro furiere porta-lettere, che andava a portare la posta a Saganeiti, forandogli l'elmetto e rubandogli un sacco corrispondenza, che il sott'uffiziale nella.... corsa si lasciò cadere.

Pare che Metelcà sia anche l'autore delle rotture del telegrafo, ma Bata Ghitò, un mascalzone al nostro servizio e che gira pel nostro campo, dice che Metelcà è piuttosto lontano perchè ha paura delle bande Sapelli e Marozzi, che ci fanno da avanguardia ad Adi Legi.

Tra i nemici, e più terribili, abbiamo pure l'afa che ci opprime.

Ci sorrideva la speranza di un vicino temporale, ma esso andò a rompersi lontano sopra Saganeiti, tempestandolo di grandine.

Dopo l'arrivo notturno della brigata Bisesti che ci faceva pregustare un movimento generale, più nulla! La notizia di un messo della regina Vittoria, apportatore di un autografo di S.M. britannica per ras Mangascià, ci fece temere un nuovo periodo d'inazione. In principio giornalmente la situazione politica ci veniva comunicata per mezzo di bollettini serali; per un periodo di dieci giorni questi bollettini cessarono; riapparirono per portarci la notizia della battuta del *chitet* fatta da Mangascià, alla quale numerosi accorrevano i tigrini.

Ogni trattativa col Negus è fallita. Il maggiore Salsa, dopo essere stato due volte al campo nemico inutilmente, vi ritornò per insistenza di ras Maconnen e dello stesso Negus, a fine di concertare, sul serio, dicevano, dei preliminari di pace; ma il governo non intendeva stipulare la pace se non venivano accettate condizioni che, oltre ad assicurarne la prosperità della colonia, avessero guarentito in modo assoluto l'onore dell'esercito e della nazione; riteneva necessario che, abbandonato il trattato d'Uccialli, il nuovo trattato portasse per condizione che il Negus non si metterebbe sotto il protettorato d'altra potenza. Il Negus si era allontanato senza aspettare il Salsa, trascinando seco i prigionieri italiani, e il nostro messo venne trattenuto in ostaggio!

Ma se falliscono le trattative politiche, l'azione militare assume carattere sempre più energico. Il generale Baldissera, che ha posto il suo quartiere generale ad Adi-Cajè, procede imperturbato nel lavorio febbrile di riorganizzazione dei servizi e attende alla costituzione di una forte riserva di viveri. Abbandonata la linea di rifornimento Saati-Asmara e Saati-Saganeiti, riattivò quella di Archico-Adi-Cajè.

Qua intanto, aspettando gli ordini per l'avanzata nell'Agamè, un

Amba Cumbertì.

generale, alpinista instancabile, che ama le ambe, ci induce a seguir-lo: il conte Del Mayno la sera mi avverte gentilmente delle escursio-ni dell'indomani. Ama farsi seguire da pochissimi: il capitano di stato maggiore Sailer, il suo aiutante Emo Capodilista e il capo di stato maggiore della divisione, colonnello Francesco Arimondi, fratello al valoroso generale caduto sul Rajo.

Sull'amba *Cumberlì*, il generale dispose la linea dei posti di sicurez-za e delle *gran guardie*. Da quest'amba lo sguardo si spinge lontano, dalle colline di Coatit alle rupi di Senafè, dal ciglio di Focadà alle sini-stre cime del Rajo e del Samajata: uno stupendo posto d'osservazio-ne, ma per guadagnarlo bisogna lasciare a metà strada i muletti, che è tutto dire. Il 5.º battaglione bersaglieri comandato dal maggiore Simonetta, che l'occupò poi pel primo, vi si arrampicò in pochi minuti.

Queste escursioni e queste manovre provano come i nostri ufficiali e i nostri soldati non anelino che di marciare avanti e di prendersi una qualsiasi rivincita. La sera pel campo è una festa; i soldati attorno a grandi fuochi non parlano che di battaglie future, con una fiducia da incantare; attendono a tutti i servizi volenterosi, e partono pel cambio degli avamposti come se andassero a una festa.

La nota dolorosa, sconfortante, è la morìa dei quadrupedi. Ne rilevo la triste realtà della mia carovana: il veterinario della divisione, signor Berizzi, passando vicino alla mia tenda, mi dice una mattina:

– Ma io non fo che ordinare il seppellimento di muli suoi!

Ciò mentre facevo un'intemerata al mio interprete-servo-mulattiere Gabrù, solito a tenere la mia povera roba, le bestie, in un disordine maledetto; questo parigino di Az-Nefas, per calmare la mia disperazione, mi osserva in modo persuasivo:

– Abbi pazienza, padrone, siamo in Africa!

IV

ADI-CAJÈ

Affidati il bagaglio al comando della divisione, con alcuni uomini della banda di Bata-Ghitò, mi accingevo alla marcia di Adi-Cajè per Auatzò, quando tre squilli di tromba annunziarono l'improvviso arrivo del governatore al nostro sicomoro di Mai-Sarau.

Il generale Baldissera non aveva ancora visitato questo campo e vi era desiderato; il generale lanciò un'occhiata rapida al vasto e ordinato accampamento, intrattenendosi poi in istretto colloquio col generale Del Mayno. Fece colazione e ricevette il capitolo di Digsa, che – non so come diavolo abbia fatto ad esserne informato – dopo un'ora dall'arrivo del governatore, era già vicino alla baracca del comando ad intonare il solito: *abiet! abiet!* Quale giustizia volessero fatta, se lo sanno loro soli; il governatore che conosce l'antifona, li avvicina, stringe loro la mano e sorride: ma in quanto alla giustizia, dice di non aver tempo sul momento e che li avrebbe ascoltati poi, dopo la guerra. Di solito non si tratta che delle requisizioni di buoi, i quali vengono pagati quasi il doppio del prezzo abituale, ma ai nostri buoni abitanti dei dintorni non bastano mai talleri a compensarli.

Il tenente generale Baldissera.

Da Adi-Cajè a Mai-Sarau, per la strada nuova di Auatzò, una colonna impiega nove ore, un gruppo di cavalieri isolati cinque; Baldissera col suo piccolo seguito la percorse in quattr'ore e mezzo: partito alle 5 del mattino arrivò a Mai-Sarau alle 9 e mezzo. Finita la colazione, col sole allo zenit e una temperatura di una quarantina di gradi, ordina d'insellare. Lo guardavo con stupore:

– Andiamo, via! monti a cavallo, se vuol venire ad Adi-Cajè!...

E non finiva la frase ch'egli era già in sella e il polverone copriva lui e le penne degli ascari di cavalleria che gli galoppavano dietro.

Il governatore che dal 4 marzo, giorno del suo arrivo a Massaua, non si era concesso un momento di riposo e di tregua, non aveva ancora curato la rigorosità della sua tenuta, non aveva vestiti militari proprii, completi. Portava calzoni neri riuniti al polpaccio da un paio di gambali di tela da soldato. Indossava una giubba di tela senza spalline nè distintivi; la distinzione del grado si rilevava soltanto dal berretto da tenente generale. Che fosse lui il comandante in capo lo si capiva dall'occhio scrutatore, profondo, penetrantissimo, che dirigeva a tutti, dappertutto. Le sue interrogazioni fatte con un'aria di semplicità casuale erano sempre acutissime. Esercitava il suo potere supremo con un'apparenza di dolcissima serenità, senza alcuna affettazione.

Percorrendo la nuova strada costruita dal capitano D'Ercole, pel passaggio della divisione Del Mayno, da Mai-Sarau ad Adi-Cajè, il governatore ci mostrava quell'opera con parole di altissima lode.

Il lunghissimo tratto offre spettacoli selvaggiamente imponenti. A cavaliere dello spartiacque, fra il Mareb e l'Addas, incontriamo un villaggio distrutto dagli stessi abitanti che, situati sul passaggio e tribolati dagli Assaortini, costrussero i loro abituri più in alto come nidi d'acquile. Di là apresi un ampio bacino, profondissimo, fino alla pianura di Zama e ai lontani speroni di Gundet: in fondo, nelle nebbie, il *resegone* di Adua.

Ancora per una dozzina di chilometri la nuova strada mulattiera costeggia aridi ribollimenti plutonici, dove s'aggrappano le acacie, si contorce l'aloe e s'ergono come scheletri l'euforbie; poi brevi convalli dove s'accede per salite traditrici e discese a precipizio, lungo le quali branchi numerosi di scimmie s'allontanano lenti, urlando in cadenza. Nel piano galleggiano le steppe, e nelle radure appaiono grandi chiazze brune: è il fuoco recente appiccato dagli indigeni, per riavere sollecita l'erba nell'imminente periodo delle piogge.

– Facciamo la strada abissina – dice il governatore compiacente, – di là avremo quadri più pittoreschi.

E lasciando a sinistra la strada nuova di Auatzò, ci appare alla salita, di faccia, lo sprone grigio e madreperlaceo di Abba-Salama; in basso, nel piano di Mandofarò, spiccano le masse verde-brune dei primi esemplari del *pinus etyopicus*.

La roccia d'Abba-Salama da questa parte è quasi inaccessibile e i muletti vi si arrampicano a stento, scivolando cogli zoccoli sferrati nelle larghe balze di granito e di quarzo; pare si cammini sulla neve e ne accrescono l'illusione le orme frequenti, scavate e approfondite dall'acqua, orme che paiono segnate dai piedi di un titano. Dall'alto, nel villaggio poverissimo, guardando ad oriente, appare disteso in

Recinto delle Sussistenze militari in Adi-Cajè.

lungo contrafforte lo sperone di Kohaito, dove sono le rovine di Koloe. Al piede di quest'altipiano, corre la strada di Mahio e di Illalia coperta dalla alture di Zebaontì. Su queste alture alla punta dello sprone che guarda il passo di Taconda è posta Adi-Cajè e vi attenda l'altra metà del nuovo corpo di operazione.

In meno di un mese, sotto la direzione del maggiore del genio Cosimo Fusco, erano state compiute tante strade cammelliere e mulattiere per uno sviluppo di duecentocinquanta chilometri: per Mahio, Zagan-Zeghib, per Halai, per Origò, per Auatzò, tutte strade convergenti ad Adi-Cajè da Asmara e da Massaua. Per queste strade erano stati costrutti pozzi, serbatoi, abbeveratoi, condotti, sistemando le fonti e le sorgenti naturali.

Il primitivo fortino di Adi-Cajè, costruito in gran parte dal 17.°
battaglione fanteria d'Africa nel primo periodo della campagna, ed
entro al quale furono bruciati milioni di derrate e di munizioni due
giorni dopo la ritirata di Adua, sorge nello sprone che disgiunge, alla
loro origine, i due rami dell'Addas, ad oriente del pianoro in cui sta
il villaggio di Adi-Cajè. Questo fortino fu ritenuto inefficace, anzi

Le tende del comando in capo in Adi-Cajè.

inutile dal generale Baldissera, che fece costruire una cinta fortificata
serpeggiante lungo il margine del pianoro accennato, proteggendolo
alla gola verso settentrione, mediante due opere chiuse, la più importante delle quali si eleva sul poggio dove sono le rovine di Adi-Cajè.
Qui pose il quartiere generale, il telegrafo, le stazioni di segnalazione
ottica, le infermerie e i forni; ivi accampò la divisione Heusch, i cui
soldati, sotto la direzione degli ufficiali del genio, avevano, con infa-
ticabile operosità, atteso alle nuove costruzioni. Divide il primitivo
fortino dal nuovo campo cintato un ampio avvallamento, nel cui
fondo si aprono cinque grandi pozzi, alcuni abbeveratoi per quadrupedi e funziona una pompa Norton.

Fantasia di donne indigene per la morte di un ascaro.

Al campo, al tramonto, c'è un movimento brioso: i soldati cantano, come cantano a Mai-Sarau; come non cantavano venti giorni prima a Ghinda e all'Asmara!

Alla sera, gli ascari fanno fantasia. Le donne riprendono le loro nenie funebri per gli ascari perduti; ma è un pretesto anche quello per fare un po' di baldoria, e finiscono per unirsi a quegli altri indigeni

I pozzi di Adi-Cajé.

che festeggiano e si dànno alla crapula per nozze e per nascite, anche di parenti lontani, col battere sui *negarit* e sulle latte di petrolio e di gallette, straziando le orecchie e turbando i sonni di chi cerca in quell'ora un po' di riposo e di ristoro.

Arriva il colonnello inglese Slade in gran paramani bianchi come un antico barone dello Scacchiere, è accompagnato dall'ing. Wilde. Che v'è venuto a fare? Deve studiare una ferrovia Massaua-Cassala, dicono. La sua venuta fu preannunziata dalla *Tribuna* in modo assai curioso: per fare un'*inchiesta* sulle nostre operazioni militari passate e future!

Inchiesta? Dai colloqui avuti col sig. Slade, poichè attendò vicino alla tenda conica offertami per quelle due notti dal governatore, non mi parve che l'antico *attaché* militare della ambasciata si S.M. Britannica a Roma, avesse una missione ufficiale. Parlava però come un piccolo tutore, dicendo anche delle verità un po' crude, ma, veramente, non mi sembrava quello il luogo ed il momento adatto per venircele a sciorinare; del resto è una simpaticissima pasta di colonnello inglese.[1]

Egli si meraviglia come si possa avanzare con quella sobrietà di mezzi di cui disponiamo. – Mai, dice, campagna coloniale inglese è stata compiuta con mezzi così ristretti! I vostri ufficiali e i vostri soldati si contentano di poco. – E sì, che, eccetto il vino, che si può considerare genere di lusso, non mancava nè farina, nè carne.

Il generale Baldissera ha lasciato intatto il quartier generale dell'antico governatore, e l'ha fatto suo, forse per voler meglio provare che il comandante in capo è il solo responsabile di qualsiasi situazione e solo giudice ed arbitro di ogni decisione.[2]

Il governatore si vale di tutte le risorse di cui può disporre per preparare l'avanzata: il *fervet opus* non potrebb'essere meglio adoperato per indicare lo spettacolo di questo lavorìo febbrile.

Ma la stagione inoltrata, la siccità straordinaria e persistente, la mancanza di pascoli, inceppano l'opera del generale.

A Mahio le colonne di salmerie non possono procedere per il gran caldo e l'arsura. Tutto ciò concorre a far rallentare il servizio, il rifornimento.

Il governatore però non si perde d'animo: manda a rilevare il carico delle carovane da quattrocento muli dei battaglioni di Adi-Cajè. Ai muli esausti nel precedente periodo della campagna riduce il carico e diminuisce la lunghezza delle marcie. È instancabile, si moltiplica, vuol vedere e sorvegliare ogni cosa; tutte le carovane lo incontrano sulla loro strada, e, con pochi ufficiali, fa delle ricognizioni, spingendosi fino a Senafè per accertarsi della produttività dei pozzi scavati dalle truppe del genio.

---

[1] Il colonnello Slade poi non andò mai a Cassala, come qualche giornale ha continuato ad affermare.

[2] Il comando in capo era così costituito: Tenente generale Baldissera comm. Antonio, comandante in capo; Colonnello di S.M. Valenzano cav. Gioachino, capo di S.M.; Maggiore di fanteria Salsa cav. Tommaso, sottocapo di S.M. Capitano si S.M. Caviglia Enrico; Tenente bersaglieri Malladra Adolfo; Capitano di fanteria Angherà cav. Annibale; Tenente di fanteria Bodrero cav. Alessandro; Tenente di cavalleria Fioccardi Alberto, comandante del quartier generale; Tenente di fanteria Viora Giuseppe, ufficiale d'ordinanza.

Erano arrivati a Massaua nuovi quadrupedi; l'intendenza di Massaua aveva avuto ordine di acquistare cammelli da tutte le parti e a qualunque prezzo, così che negli ultimi giorni dell'aprile i magazzeni di Adi-Cajè riboccavano di viveri.

Il colonnello Paganini aveva ricevuto ordine di iniziare un'offensiva su Adua con tre battaglioni bianchi, una sezione d'artiglieria e le bande del Seraè. Al tenente Sapelli fu ordinato di avanzare colle bande dell'Amassen e dell'Oculè-Cusai in direzione di Coatit e Debra-Damo.

Dal movimento del quartiere generale si ebbe ragione di credere che si era alla vigilia di marciare. Per il primo maggio, si disse, tutto il corpo d'operazione dev'essere riunito a Senafè.

L'ordine di avanzata al corpo d'operazione venne quasi improvviso.

Lasciai Adi-Cajè per tornare in fretta al mio attendamento a riprendere la mia carovana, poichè la brigata del generale Gazzurelli marciava in avanguardia verso Senafè.

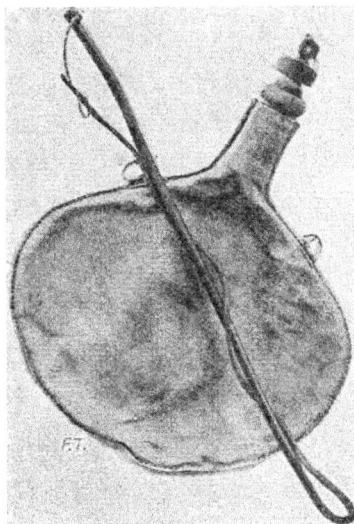

V

LE INFORMAZIONI

Raccolta la triste eredità di Adua, il primo pensiero del generale Baldissera, fin dai primi giorni del suo arrivo, era stato quello di rendersi esatto conto delle forze del nemico, delle sue mosse, delle sue intenzioni, delle sue risorse. Occorse riorganizzare completamente l'importantissimo servizio delle informazioni, poichè com'era ordina-

Capi dello Scimenzana. Scium Bahari di Baraehit. – Cantibai Calut scium di Effesi. – Cantibai Uold scium di Marsaal Uoddecallè.

to avanti il primo marzo non poteva dare che i risultati pessimi che diede: se il Negus non ci avesse fatto il servizio di alzare una tenda rossa forse non si sarebbe saputo nemmeno della sua presenza fra l'esercito scioano! E ancor peggio: gli informatori falsi e infedeli erano sempre tenuti in gran conto perchè sapevano inventare notizie solleticanti. Erano invece trascurate le informazioni veritiere, perchè non conformi a vedute e piani prestabiliti; si redarguivano gli ufficiali solerti ed avveduti che non potevano a meno di far sapere la verità nuda e cruda. Il capitano Barbanti, comandante le bande, non aveva egli replicatamente avvertito il comando della progettata rivolta di Sebath? Il tenente Mulazzani (poi promosso capitano) non aveva fatta nota al comando, nei giorni avanti la follia di Abba Carima, la ritirata del Negus?

L'interprete Bianchi interroga gli informatori.

Il nemico invece disponeva di un servizio d'informazioni organizzato in modo mirabile, facilitato dal nostro, mal costituito, e dal servizio d'avamposti svigorito.[1]

---

[1] Il servizio degli avamposti constava di due elementi, cioè: servizio di sicurezza *vicino*, nelle adiacenze immediate dei campi, affidato ai singoli reparti, italiani ed indigeni; servizio di sicurezza *a distanza*, affidato esclusivamente ad indigeni; quest'ultimo funzionava malissimo.

Venere eritrea.

Per i nostri campi era un viavai incessante di paesani, sottomessi e indifferenti all'apparenza, mentre il corpo d'operazione senza carte, senza schizzi, si basava esclusivamente sulle notizie d'informatori indigeni male organizzati, poco o punto conosciuti, i quali non erano che spie abissine lautamente pagate da noi.[2] Lo spionaggio del resto nella colonia era elevato a sistema; era adottato il principio che bisognava chiudere molto gli occhi per non addossarsi le ire degli indigeni. Molte spie avevano potuto diventare servi inseparabili degli ufficiali o frequentavano indefesse le baracche-osterie per sorprendere i discorsi degli ufficiali e dei soldati. Molte Veneri nere, che possiedono tutti i requisiti di furberia, di civetteria e di perfidia da far invidia a tante bianche etére, tentavano estorcere a chi le frequentava confidenze e rivelazioni.

Baldissera si accinse energicamente a combattere questa lebbra; fece

[2] MENARINI, *La brigata Dabormida alla battaglia d'Adua*.

licenziare dagli uffi-
ciali i servi che si
accontentavano di
poca o nessuna paga,
e ordinò visite
improvvise nelle can-
tine e nei pubblici
ritrovi, ove bazzicava
gente sospetta.

Per organizzare un
servizio d'informazio-
ni veramente utile ed
efficace, il governatore
creò speciali organi
che dovevano agire
l'uno indipendente-
mente dall'altro e
controllarsi a vicenda.
Uno di questi organi
venne costituito in
Adiqualà nel Saraè,
sul Mareb, diretto dal
tenente Mulazzani;
uno in Adi Legi

Il capitano Mulazzani.

nell'Oculè-Cusai, diretto dal tenente Sapelli; un altro doveva seguire
il fascio delle comunicazioni che si svolgevano prima per l'antipiano,
fra il Mar Rosso e il Mareb, poi fra il Mar Rosso e il Tacazzè, diretto
dal tenente Maggioli. Seguendo quasi sempre per direttrice questa
zona displuviale, il Maggioli aveva il mandato di segnalare tutto ciò
che accadeva entro e nelle adiacenze dello scacchiere strategico dei
due eserciti contrapposti.

Il maggiore Prestinari completava il servizio da Adigrat, che, sebbene assediato, trovava modo di sguinzagliare qua e là messi ed informatori.

Baldissera personalmente presiedeva al regolare e perfetto funzionamento di questo delicatissimo e importante servizio.

Giorno per giorno, e spesso ora per ora, il comando poteva essere
al corrente anche delle più piccole mosse degli avversari, sparsi
dovunque, agli ordini, non solo del Negus, ma di Mangascià, di
Sebath, di Agos Tafari e di altri capibanda scorridori.

Il perfetto funzionamento di questo servizio permise talune volte al generale Baldissera di conoscere le intenzioni e antivedere le mosse del nemico; così che le sue disposizioni non furono mai seguite da contrordini dannosi al rapido e sicuro andamento di tutte le operazioni.

Il reclutamento, dirò così, degli informatori procedette in questo modo: quelli del gruppo che doveva precedere l'avanzata furono tratti tutti dagli indigeni e divisi in gruppi, per religioni: cattolici, cofti e musulmani; furono creati sottogruppi distinti per classe, per caste e per sesso. Venne stimolata la emulazione; vennero evitati gli anteriori e facili accordi fra gente che, dovendo compiere un servizio faticosissimo e pericoloso, tornavano al centro d'informazioni con notizie

Il tenente Maggioli.

facili e solleticanti per riceverne più lauta mercede. Il denaro era il compenso comune; ma si lusingarono anche piccole ambizioni con promesse d'impieghi e di cariche che fra i neri, come fra i bianchi, sono ambitissimi, specialmente la carica di *cicà*, una specie di sindaco del paese. Furono assunti diversi individui, offertisi volontariamente, senza compenso pecuniario colla speranza di attenuare la pena o liberare qualche loro congiunto imputato di qualche reato o già condannato dai tribunali eritrei.

Il controllo esercitato accuratamente dagli ufficiali addetti al servizio d'informazioni, permetteva di scoprire con facilità i falsi informatori e sventare gli armeggi e le trame dei ribelli.

Il maggiore Salsa nella tenda del negus.

Un aneddoto darà una idea della gente colla quale si aveva da fare:
L'informatore Tesemmà uold Cosù di Maria-Chini, nello
Scimenzana, ritornava da una missione dal Cascassè ov'era andato ad
assumere informazioni. Era stato inviato alcuni giorni prima nell'alto Agamè per portare lettere al maggiore Prestinari, ed aveva fedelmente compiuta la sua missione. Tesemmà diede al suo ritorno queste informazioni: ras Mangascià, ras Alula, ras Sebath, Agos Tafari,
Scium Agamè Tesfai, con tutti i loro gregarii, trovansi nella valle
dell'Ueri e domani, eccetto ras Sebath e Agos Tafari, se ne andranno
tutti nel Tembien.

Tesemmà non era ancora licenziato, quando si presentarono due
altri informatori, Boracchi-Cassai e Goramedin-Boracchi, i quali
assicurarono che il Tesemmà era andato poco prima pel campo e agli
avamposti, e approfittando della sua qualità d'informatore e della sua
notorietà, vi aveva annunciato con eccezionale interesse che ras
Mangascià durante la notte sarebbe disceso precisamente a Zoban
Oaliè, posizione fortissima vicina al Cascassè, dove si trovavano gli
avamposti italiani. Il ras avrebbe impedito la nostra avanzata attaccando, mentre aveva disposto che la mossa si estendesse fino ad Adi
Legi. Ciò, aggiungevasi sempre per conto di Tesemmà, perchè scium
Agamè Tesfai, reduce dalla corte del Negus, avea portato rimproveri
di Menelik a Mangascià, per non avere questi rioccupato l'Oculè-
Cusai approfittando della ritirata degli italiani sull'Asmara e per non
avere distrutto Adi-Cajè, Alai e Saganeiti; la qual cosa significava una
solenne confessione del loro abbandono, della loro cessione. Menelik
ordinava a ras Mangascià di guadagnar tempo, di avanzare ardita-
mente e di tentare un colpo di mano su Adi-Cajè.

Da un attento esame dei fatti narrati si venne nella persuasione trat-
tarsi d'un informatore che aveva architettato così fine trama per isvia-
re le intenzioni e le ricerche del Comando.

Questo traditore aveva spiegato pel campo in modo meravigliosamente logico il motivo dell'avanzata del ras col grosso delle sue truppe; ma ciò non impedì che potesse essere arrestato e punito in modo
ancora più logico.

La deposizione falsa del Tesemmà cagionò nonpertanto qualche
triste effetto, per quanto passeggiero: agli avamposti, nella supposi-
zione di attacchi imminenti, gli allarmi spesseggiarono per qualche
giorno.

Questo aneddoto, a cui altri si potrebbero aggiungere, dà un'idea
della delicatezza e delle difficoltà di questo servizio d'informazioni, a

cui il governatore dedicava la massima parte della sua attività e della sua energia.

In grazia di questa accorta organizzazione fin dai primi giorni in cui non erano ben chiarite le mire dei nostri avversarii, potè essere costituito un posto di osservazione presso Antalo con incarico di mandar

Gl'informatori in attesa di ordini.

gente nello Scioa, nel Goggiam e fin nel lontanissimo Harrar. Vi furono informatori che poterono rimanere diversi giorni impunemente nei campi del Negus, dei rasi e riferire poi, con molta esattezza, sulla forza, sulle armi, sullo spirito e sulle intenzioni del nemico.

Così è che il governatore potè essere informato lo stesso giorno che il Negus iniziava lentamente dal Faras Mai la propria ritirata verso lo Scioa, trascinando captivi, come aveva fatto per gli schiavi Vollo-Galla, quasi duemila soldati italiani,[3] lasciando nel Tigrè Mangascià, con 12 000 armati, ras Alula, con 3000, Sebath e Agos Tafari con altri 2000 seguaci.

---

[3] La differenza tra la cifra totale degli italiani impegnati alla battaglia di Adua, e la somma dei morti e dei reduci, feriti o illesi, dà un numero di 1600 prigionieri.

Seppe come avevano influito sulla decisione della ritirata le condizioni morali e materiali pessime dell'esercito scioano e come, fra capi e gregari, eransi manifestati sintomi di malcontento e di stanchezza.

Potè sapere come il Negus, passando presso il santuario di Ambaxel, vicino a Borumieda, al priore Memer Uoldenchiel nativo del Saraè avesse detto: "Eravamo molto vicini al tuo paese e volevamo andarvi; non lo potei, prima di tutto per mancanza d'acqua, e poi perchè erano venuti molti nemici nuovi, e, come tu sai, io non amo lo spargimento di sangue."

Seppe della ribellione delle tribù che il Negus incontrò nella via del ritorno. I Galla della regione di Azebò, nel Zebul vicino l'Ascianghi,

avevano trucidato i servi della regina Taitù e i gruppi amarà che erano andata avanti a fare gli accampamenti. Menelik fece distruggere da ras Maconnen e ras Oliè parecchie migliaia di quei ribelli e razziare il paese di Sciumbaco Uocha. Degiasmacc Andargacciò, sottocapo di Mangascià, vi fu lasciato per razziarli del tutto.

In tutto questo difficile e pericoloso servizio non si ebbero che due soli informatori fedeli perduti, i quali caddero nelle mani del nemico, di cui uno fatto prigioniero da Degiac Ailù Mariam. Altri, presi in sospetto, ebbero delle minaccie, ma nessuno fu sottoposto al taglio della mano e del piede. Due furono trattenuti nel campo di ras Mangascià, ma poi riuscirono ad evadere.

Dagli informatori si seppe che i capi tigrini avean deciso di sbarrare la strada a Baldissera, in fortissime posizioni, cioè in quelle di Guna Guna, di Focadà e di Cherseber; e che Alula aveva occupato il Dongollo, dove mandò ad aggiustare le strade, a sistemare l'acqua e a farsi cuocere il pane, l'*engerà!*

VI

LA MARCIA SU ADIGRAT

La prima divisione lasciò Mai-Sarau per Adi-Cajè il 30 aprile percorrendo la nuova strada costrutta dal genio.

Seguendo il brillante stato maggiore del generale Del Mayno, il quale volle sorvegliare da vicino l'andamento della marcia senza disturbare la colonna, dovetti lasciare la strada agevole e arrampicarmi ora per la vecchia strada abissina, ora per sentieri più rovinosi.

Aspetto dei villaggi nell'Oculè-Cusai.

Questa volta dovemmo fare il largo giro dei pozzi di Auatzò, lasciando Abba Salama a cinque chilometri a destra. La lunghissima marcia era allietata dall'incanto di prospettive e di sfondi sempre nuovi, sempre attraenti nella loro capricciosa successione, che ci strappavano spesso delle esclamazioni di meraviglia. La vegetazione è ricca e prepotente, sotto ai ciuffi bruni dei pini s'aggrappa la rosa selvatica; per le valli erbose incontriamo qualche batteria d'artiglieria che approfitta dei pascoli abbondanti. S'alzano di tanto in tanto stormi di oche e anitre empiendo l'aria di acuti strilli accompagnati, in tono basso, dal grugnito dei babbuini che a branchi balzano da macchie di spini e si fermano sugli orli della balze grattandosi.

Ad Adi-Cajè arrivammo al tramonto; la divisione Heusch aveva nello stesso tempo marciato su Senafè.

Alle tre del mattino del primo maggio la nostra divisione tolse il campo al sorgere del sole movendo lentamente pel passo di Taconda. Dopo le asciutte regioni del Zebaontì, dalla base della superba amba

Taconda.

Terica, dove il capitano Cicco di Cola piantò i suoi quattro pezzi contro le tende di Mangascià, l'aspetto del paesaggio circostante ritorna pittoresco per la continua varietà dei quadri che appariscono nuovi ad ogni passo da ogni cima di dirupo.

Questa terra proteiforme dà agio ad ammiratori e detrattori di dirne il bene e il male che loro accomoda. Basta scegliere una determinata zona, che possegga quei caratteri estetici convenienti al loro desiderio.

– Che desolazione! – qualche pessimista si compiace di esclamare a Zegan-Zeghib o a Mahio.

Invece levasi l'inno trionfale fra le verzure di Digsa e di Halai, fra le ridentissime e fertili piaghe di Saganeiti! E davanti alla conca di Senafè, al lontano protendersi delle convalli dall'Agamè, tutti si resta compresi di stupore! Il più immaginoso e fantastico artista non ardirebbe mai comporre contrasti scenografici così artifiziosi come quegli intrecci di ambe, di boscaglie e di conche. Conche dove la zolla ricca e soffice segna reticolati di lavorìo d'aratro insistente, nelle gole

Piano di Senafè.

e nelle cavità tortuose, fin dove il massiccio bruscamente l'impedisce. La sera a Senafè, sotto le due roccie anfrattuose fumavano, al crepuscolo rapido, i mille fuochi del campo profondo. In mezzo l'acqua, segnata dai margini verdi delle graminacee, col cielo terso e lucente d'un tramonto senza nubi, col grigio perlato delle tende che gremivano il piano erboso e i pennacchi di fumo diafani che ascendevano obliqui, radendo i declivi verdeggianti, l'occhio e il cuore del più gran nemico di queste plaghe avrebbero dovuto aprirsi a sensazioni nuove, a un godimento intenso e supremo della solenne maestà della Natura.

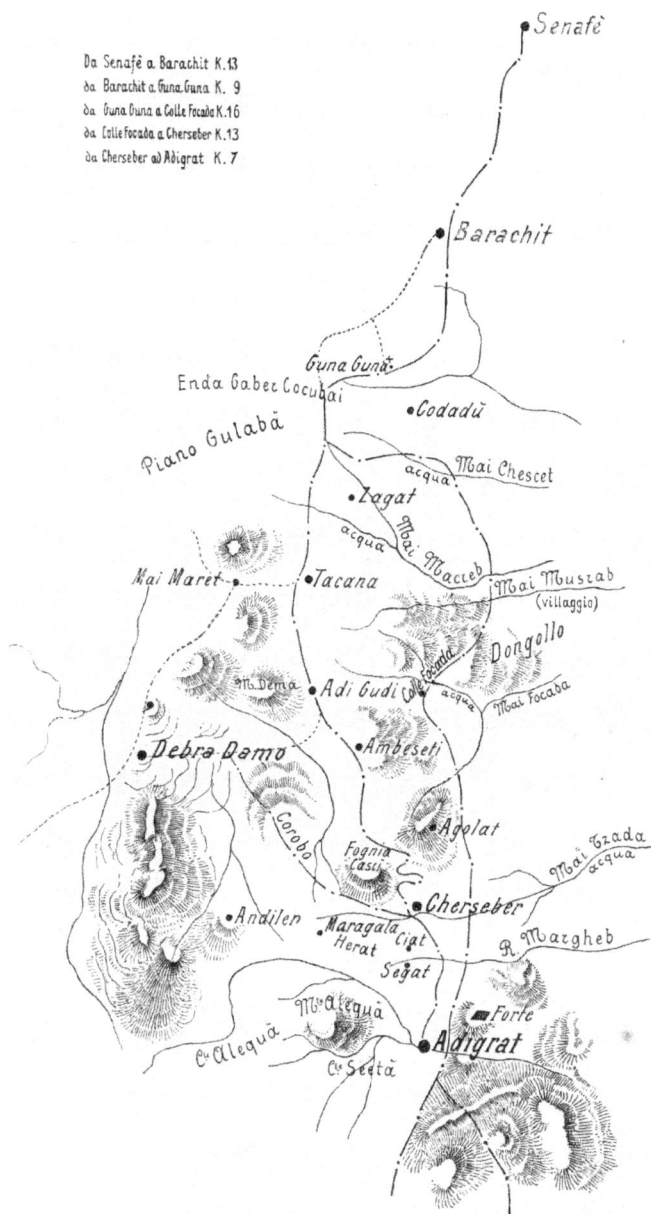

Da Senafé ad Adigrat. Itinerario della marcia del corpo di spedizione.

Da Senafè, comincia un nuovo periodo di fatiche e di abnegazione. Agli ufficiali vien fatta preghiera di diminuire il loro bagaglio ai minimi termini possibili, per aver agio d'impiegare i muli pel trasporto dei viveri. Da quaranta giorni la truppa non riceve distribuzioni di vino e ora non ce n'è più nemmeno per gli ufficiali: i pasti diventano frugalissimi: comincia il regime della *borgutta*.

Alle tre e mezzo del mattino è un formicolìo di soldati pel campo che precedono la sveglia di mezz'ora; alla sera erano circolate voci che Sebath a Barachit ci avrebbe sbarrato la strada; notizia che fece allegri e contenti ufficiali e soldati. La divisione Del Mayno, preceduta dalle avanguardie, inizia la marcia all'albeggiare, silenziosamente, per la grande e larga strada di mezzogiorno.

Il maggior generale Gazzurelli.

All'avanzarsi delle colonne, sulla vetta delle ambe prospicenti, s'elevano alte e roteanti colonne di fumo: sono gl'indigeni che incendiano le erbe secche per segnalare il nostro procedere.[1]

---

[1] Preoccupato del fatto, un colonnello dispose un servizio di sorveglianza, poichè gli incendii si ripetevano pure al fermarsi delle truppe, ad Efasit, dove l'erba era alta, offrendo un ottimo materiale di segnalazione, sorprese ed arrestò alcuni indigeni che si accingevano a preparare la *fumata*.

La divisione Heusch ci aveva preceduti da Efasit ad oriente di Senafè ove s'era accampata. Una giornata cocente. È un succedersi di pianure e di ampi declivi gialli, ove non esiste refrigerio d'ombra; le rare euforbie stanno in alto e lontane dalla strada battuta dalle colonne. Le truppe procedono balde, spiando in fondo dove l'ultimo piano si chiude. Su quest'altura le due divisioni si aprono a ventaglio e scendono al piano di Barachit con una manovra d'insieme, di splendido effetto. Dal basso della conca, lo spettacolo è superbo.

Ma al fermarsi delle masse imponenti, sulle alture che chiudono il fronte del campo, un fuoco nutrito di fucileria fa correre un fremito fra i soldati: Mangascià! Mangascià!

Era Sebath, invece, che attaccava con audacia singolare l'avanguardia indigena, comandata dal maggiore Ameglio, che dopo due ore di combattimento respinge ed insegue il ras per quattro chilometri, uccidendogli

Il maggiore Ameglio.

nove uomini e portandogliene via altri quattro, vivi.

Immediatamente salgono sulle alture, fronteggiando la stretta, due battaglioni alpini al comando del generale Gazzurelli.

Quei forti soldati s'inerpicano risoluti pe' dirupi, lieti di poter finalmente misurarsi col nemico. Ma Ameglio ha già pensato a scacciarlo dalle sue trincee naturali; i seguaci di Sebath occupavano un fronte di circa un chilometro, a gruppi e a intervalli regolari.

Questa prima avvisaglia pareva preparasse un attacco per il domani

alla stretta di Guna Guna. Il generale Baldissera, nella notte, diede nuove disposizioni di difesa.

L'avanzata alle 4 del mattino del 3 maggio procede colla massima cautela, allo spuntare del giorno per la valle del Muna gli alti e rotti dirupi di Guna Guna sono già tutti coronati dagli ascari e dagli alpini.

Per quella stretta si insinuano le due divisioni, sfilano fra le masse arborescenti, e le anfrattuosità tutte di quella gola, che è un'oasi deliziosa fra le contorte balze dello Scimenzana.

La valle del Muna.

All'uscita della stretta, con rapidissimo movimento, le masse si dispongono in battaglia colle salmerie in mezzo: una fronte imponentissima, minacciosa verso il gran piano di Gulabà dove vediamo ritirarsi in fretta gruppi di armati, fino alle cime dei coni di Mai-Maret, donde giunge a noi il corruscare delle armi che vi si addensano.

Il generale Baldissera ferma le truppe, e dall'alto di un poggio che domina il gran piano, a sinistra della stretta (Enda Gaber Cocubai) dispone una nuova avanzata.

Il generale si preoccupa soprattutto del possesso dell'acqua di Mai Cheschet, situata al piede della falda settentrionale del Dongollo.

Fermata delle salmerie alla stretta di Guna Guna.

Arrivano fucilate contro gli alpini d'avanguardia del generale Garruzzelli; ma, respinta ogni resistenza, il genio s'impossessa dell'acqua.

Dall'alto di Enda Gaber si scorgono a sinistra i due colli e l'amba di Mai Maret a forma di piramide: è quello il teatro delle gesta di Sebath. A destra, nel limpido orizzonte, si disegnano nitidamente i profili del triste gruppo dei monti di Adua.

Per la prima volta vedevo distintamente da lontano commosso la lugubre livida dentiera del Samaiata, del Rajo e del Gamdapta!

Mentre il colonnello Valenzano mi indicava i passi dell'Entisciò per l'Alequà, il governatore riceveva i *ciccà* dei dintorni e gl'informatori. Coi cannocchiali seguivamo nettamente il procedere dei nostri esploratori, della bande e degli alpini, che di corsa e a stormi invadevano il gran piano.

Il generale Heusch, fiero dell'avanzarsi rapido e preciso degli alpini, che vanta quasi sua creazione, monta a cavallo, alla testa della sua divisione, e occupa difinitivamente il piano di Gulabà. Sulla sinistra, il generale Del Mayno punta spiegandosi verso il Dongollo, abbando-

L'occupazione del piano di Gullabà, vista da Enda Gaber.

Il Dongollo dal piano di Gullabà.

Nel piano di Focadà.

nato a precipizio all'appressarsi delle nostre imponenti forze dalla gente di Sebath e di Agos Tafari: le due divisioni marciano in linea di colonne di battaglioni cogli intervalli regolamentari, che permettono ai battaglioni il rapido spiegamento in battaglia. Dietro le linee delle due divisioni marciano imponenti le sei batterie. Erano accerchiati formidabilmente il Dongollo e il villaggio di Mai Musreb.

In quella posizione, il corpo d'operazione attese e s'attendò, dopo di essere stato quattordici ore sotto le armi.

Passo di Mai-Focadà.

Restavano da percorrersi una trentina di chilometri per arrivare ad Adigrat; ma il programma del comandante in capo era di arrestare il corpo di operazione a Cherseber e di là aprire le braccia alla guarnigione del forte, distante ancora sette chilometri.

La notte fra il 3 e il 4 si dormì fra villaggi abbandonati al nostro appressarsi. Le bande li saccheggiarono, portando via l'orzo che vi era abbondantissimo, conservato in grandi giarre e sotterrato in fosse profonde. Sono questi i villaggi di triste fama, i cui abitanti sparavano spietatamente contro i nostri soldati in ritirata dal Gadapta e dall'Entisciò. Nelle case fumanti del villaggio ove accampavo, trovai varie mantelline da soldato, scatole di conserve alimentari non anco-

Stato maggiore del generale Del Mayno.

ra aperte, fili da telegrafo, fregi e filetti d'argento dei berretti dei
nostri ufficiali!

Negli orti ove pascolavano allegramente i nostri muli, le scatole di
carne vuote, legate due a due da un filo di spago e attaccate agli alberi, facevano da spaventa-passeri. Gli ascari, contrariamente alle intenzioni del governatore, avevano appiccato il fuoco a qualche capanna.

Discesa di Cherseber.

L'indomani all'alba, l'occupazione di Mai-Maret fu eseguita con
rapidità felina: potei ammirarne lo spettacolo dall'alto del Dongollo.

Il reggimento degli alpini, due compagnie di ascari con una batteria sotto gli ordini del generale Gazzurelli avevano proceduto girando ad occidente il Dongollo. Le bande corsero ad occupare il ciglio
di Mai-Maret.

Mai-Maret era stata abbandonata all'alba, come erano stati abbandonati tutti gli altri villaggi vicini dopo debole difesa.

Tre battaglioni d'indigeni, il 3.° bersaglieri e la batteria indigeni,
sotto gli ordini del colonnello Stevani, occuparono il piano orientale

dei monti Dongollo e Focadà per proteggere e vigilare le provenienze del fianco sinistro.

Grossi nuclei d'armati appaiono fra nubi di polvere verso Debra Damo. La brigata Mazza vi si dirige rapidamente, ed occupa forti posizioni a Mai-Maret.

Le due divisioni apparivano allineate come in piazza d'armi; procedevano entrambe a passo accelerato all'avvolgimento dei colli di Mai-Maret per compagnie affiancate, sempre ad intervalli di spiegamento, pronte sempre al minimo cenno per svilupparsi in battaglia.

La manovra procedente del corpo d'operazione continuò così fino al largo piano di Focadà, ma alla stretta fu obbligata incolonnarsi per due: un maledetto passo sempre fatale a chi volle tentarlo a forza.

Il governatore mandò a dire al generale Del Mayno, che marciava in testa, non si meravigliasse se dall'alto del colle gli arrivasse qualche fucilata. E la prima divisione passò scrutando in alto fra i gruppi di certi frassini traditori; il piombo non arrivò: la stretta era libera.

Di là, poco dopo, apparve larghissima, a precipizio, la conca deserta di Cherseber. Nel mezzo, in basso, il villaggio abbandonato, bruno al sole, schiacciato fra le alture circostanti; in fondo, linee fosche di ambe e di altipiani, più in là, all'orizzonte, Adigrat!

– Jerusalem! – esclamò il generale Del Mayno che marciava in testa.

Una commozione vivissima per un istante ci vinse; poi, in pochissimi, quelli che potevano abbandonare le file, ci precipitammo al galoppo per la discesa.

VII

UNA NOTTE FRA GLI ASSEDIATI

Se l'artiglieria avesse marciato in testa, dall'alto della stretta, con un paio di colpi il presidio di Adigrat sarebbe stato avvertito dell'arrivo del corpo liberatore. Il presidio non vide nulla, non seppe nulla fino alle 17; la testa di colonna era arrivata a Cheseber a mezzogiorno e tre

Preparativi per l'uscita dal forte.

quarti. Lo stato maggiore del generale Del Mayno e la brigata Bisesti coi colonnelli Pittaluga e Vaquer erano discesi nella conca di Cherseber, quando arrivò Baldissera colla bandiera tricolore del Comando.

Il generale Baldissera procedè avanti accompagnato dal generale Del Mayno, passò per l'acqua fra un accestimento di spighe gialle, salì il declivio roccioso a sud-est, al passo, come per esplorare in avanti.

Si sussurrò attorno: Il governatore va ad Adigrat.

Da Cherseber ad Adigrat sono ancora sette chilometri.

Rimontai a cavallo; la mia carovana era incolonnata colle salmerie, e fino a sera non sarebbe arrivata.

Bodrero arriva al forte di Adigrat.

Il drappello del generale in capo aveva un vantaggio d'un paio di chilometri, ma dopo la dorsale rocciosa potei scorgerlo, poichè il piano si estende per quattro chilometri. Egli aveva diminuito il suo seguito, rimandandolo; proseguì, poi si ritirò lentamente. Mi fermai. Il governatore, passandomi vicino, m'indica lontano:

– Vede dov'è Adigrat? faccio accampare qua la divisione Del Mayno.

Rimasi finchè il comando si ritirò verso Cherseber.

– Il generale ha mandato il tenente Bodrero ad Adigrat con una scorta di tre uomini delle bande, – mi avverte passandomi vicino il tenente Maggioli. Procedetti, girando a destra, fuori della portata della voce del comandante la prima divisione, temendo un richiamo. Dopo cinquecento metri fui raggiunto da due cavalieri: il tenente Galluppi e un ascaro di cavalleria.

– Va ad Adigrat? – mi gridò Galluppi.

– Sì.

– Mi saluti il tenente Moni: io vado a cercare i posti d'accampamento per la Divisione.

Respirai, non mi si richiamava indietro.

Spinsi il cavallo al galoppo nella solitudine: non un'anima viva. Procedevo pel sentiero costeggiando lo sprone settentrionale del malaugurato Alequà, quando una viva fucilata mi fece capire che tiravano su Bodrero che mi precedeva di un chilometro, piegai a sinistra lasciando il sentiero radente, scostandomi dal monte e portandomi verso il centro del piano; la scarica si ripetè, e la udii continuare insistente alle mie spalle, allontanandomi, anche contro il tenente Galluppi, che ne ebbe ucciso il cavallo.

Adigrat non spuntava, e le dorsali si moltiplicavano per l'ampio silenzio della plaga deserta; quando al salire su un rialto, dove sono collocati i capisaldi che stabiliscono il tiro del forte, a 2600 metri da esso, scorgo la bandiera d'Italia! In quel momento echeggiò per la valle un *hurrà!* prolungato, entusiastico: era Bodrero che entrava nel forte.

Quando passai l'arco fortificato d'ingresso, una folla di ufficiali e di soldati mi venne incontro raggiante di contentezza.

Corsi dal maggiore Prestinari, una bella, abbronzata figura di bersagliere, dai grandi baffi e dall'occhio penetrante.

– Non vi aspettavamo oggi, benchè da tre giorni continuiamo a spiare verso la lontana discesa di Cherseber!

Il tenente Bodrero, portati i saluti del governatore e qualche ordine se ne partì subito; io rimasi.

Fui tempestato di domande: il nuovo ministero, i discorsi alla Camera e al Senato, il nuovo credito, la nostra marcia imponente, e sopratutto i particolari della battaglia di Abba Carima erano per quei valorosi tutte notizie nuove.

– Il tenente tale è vivo? Il tal altro è morto?

Non potevo soddisfare che in parte a queste interrogazioni, poichè, purtroppo, nessuno sapeva con precisione i nomi dei morti e dei prigionieri.

Ero guardato insistentemente dagli ufficiali, qualcuno sorrideva.

Il maggiore Prestinati.

Forse la mia tenuta che pecca d'improprietà? pensavo.

– Di grazie, loro signori, perchè ridono?

– Non se l'abbia a male, – mi dice il capitano Cicco di Cola, – guardano con invidia la sua sigaretta.

Restai umiliato, ne avevo poche e non potevo servire tutti; in ogni modo, beati i primi! Feci un giro pel forte, ordinatissimo; Cicco di Cola mi mostrò le artiglierie e i ridotti fortissimi.

– Pensare, – mi disse, – che l'autore di tutte queste belle opere è morto pochi giorni sono di tifo: il tenente Paoletti! Per noi è stato il maggior lutto.

– Ho i saluti di Galluppi pel tenente Moni.

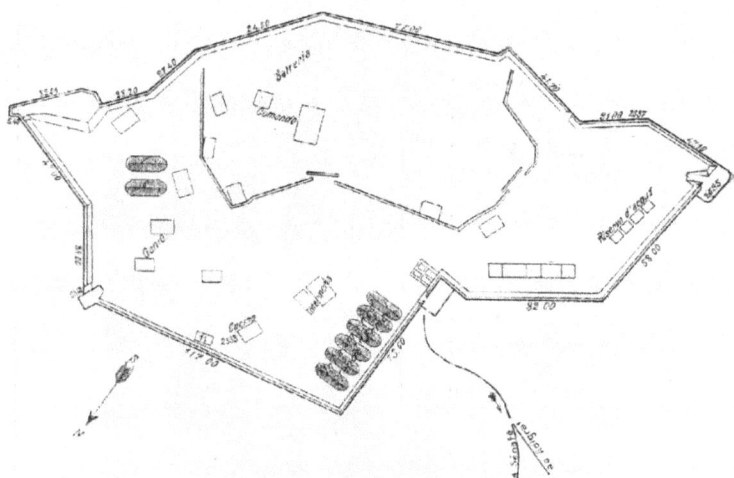

Pianta del forte di Adigrat.

– Morto di tifo!

Agli avamposti, il fratello del povero tenente Paoletti, anch'esso ufficiale di fanteria, anelava di entrare in Adigrat per rivedere il fratello!...

– Ma, dunque, le condizioni sanitarie nel forte sono state cattive?

– Pessime, – risponde il maggiore medico Selicorni. – Nella sola terza decade di marzo e nel mese di aprile, avemmo più di 150 casi di febbre tifoidea, e 28 morti. Complessivamente, dal 1.° maggio, perdemmo 62 Italiani, tra i quali tre ufficiali: Paoletti, Moni e Caputo; quest'ultimo però in seguito a molte ferite riportate nel

Ridotto di ponente nel forte di Adigrat.

Come arrivarono ad Adigrat i feriti d'Adua.

combattimento di Alequà. Causa prima dell'epidemia fu l'inquina-
mento delle acque, specialmente quella alla quale si accedeva dal
cammino coperto. Nel forte erano rinchiusi circa 1500 fra indigeni e
Italiani. Gl'indigeni erano ridotti a pochissimi, un'ottantina, qualcuno era disertato, due furono fucilati per tentativo di diserzione.

   – E a quanto ammonta il numero dei rifugiati nel forte dopo la battaglia di Adua? – chiesi al maggiore Prestinari.

– A pochi: 55 in tutto, fra i quali 17 feriti, compresi 7 evirati. L'ultimo ferito comparve ai nostri piccoli posti l'8 di aprile, cioè 39 giorni dopo la battaglia.

– Fino a che giorno potevate durare colle vettovaglie?

– Grazie all'avanzarsi del corpo di operazione, i ribelli che impedi-

I medici del forte di Adigrat.

vano ai contadini di venire a venderci buoni o farina, in questi due ultimi giorni si allontanarono; così di notte qualche indigeno avido di talleri venne a portarci dei buoi, delle uova, dell'orzo ed altro; si sarebbe potuto andare avanti fino al 20 maggio. Mi lusingavo soprattutto che la nostra resistenza nel forte, che al Negus premeva tanto di possedere e non osava attaccare, avesse potuto almeno giovare un giorno al riscatto dei nostri commilitoni prigionieri, dei quali giungeva tra noi l'eco dolorosa.

– E se non si fosse avanzato il corpo d'operazione?

– Allora sarebbe stato un altro paio di maniche! Avevo riunito il consiglio di difesa e comunicato agli ufficiali del presidio che, disponendo di viveri solo fino al giorno 4, proponevo che il giorno 5 maggio, che ricordava la morte di Napoleone I, si dovesse saltare in aria tutti.

– Ma una sortita non avrebbe meglio risolto la situazione?

– Bravo! E i feriti? E gli ammalati?

Il maggiore Prestinari, seguito dai tenenti Rossi e Cisterni e dall'aiutante maggiore Manara, montò di lì a poco sul muletto e uscì dal forte, dirigendosi verso il quartier generale a Cherseber per andarvi a salutare il governatore.

Oltrepassati i segnali, indicanti le distanze di tiro per l'artiglieria, si fece udire la solita fucilata, insistente, che stava per mandare a monte la visita.

I feriti d'Adua.

Le avanguardie della prima divisione intanto si avanzavano proteggendo la strada del forte. La brigata Bisesti accampava sul vicino ciglione di Zaban-Zafran, togliendo ai ribelli, da quella parte, ogni velleità di offensiva.

Aspettando il ritorno del maggiore Prestinari, il capitano Cicco di Cola, comandante dell'artiglieria, mi mostrò, compiacendosene, i 12 pezzi in batteria e le sei mitragliere.

– Qual è la dotazione dei pezzi? – gli chiesi.

– Esuberante: 350 colpi per cannone e 180 000 per le mitragliatrici.

La conca di Adigrat.

Il capitano Cicco di Cola.

– E per la fucileria?
– Seicentomila cartuccie.
– Hanno avuto attacchi?
– Attacchi propriamente detti no, ma ci rompevano spesso le scatole con frequenti spari di fucileria. Ieri, per esempio, avevamo mandato alcuni ascari avanti in esplorazione, sperando ci portassero notizie dell'arrivo delle truppe italiane. Furono attaccati furiosamente, tanto che per liberarli dovetti mandare contro il nemico un paio di granate che lo calmarono come per incanto. Quelle volte che abbiamo voluto tentare delle passeggiate a tre o quattrocento metri, abbiamo dovuto sempre rientrare accompagnati da fucilate. Guardi quel paese là a sinistra! Quello meriterebbe di fare la fine di Cherseber. Da Cherseber in quel momento saliva un'altissima colonna di fumo.

Mi narrò come Menelik aveva minacciato di bombardare il forte e mandato il suo capo dell'artiglieria; ma che dall'alto del monte Alequà vide la difficoltà della riuscita. Mi accompagnò poi a vedere le macinatrici di orzo: una dozzina di negre che abbrustolivano l'orzo e poi lo macinavano.

– Fino a stamane mescolavano per economia metà di farina d'orzo alla farina di grano, di cui del resto abbiamo ancora un duecento quintali. Queste donne sono *madame* di ascari; ve ne erano un subisso e abbiamo dovuto allontanarle dal forte; ma si sono accampate qua sotto nell'angolo morto. Ma quanti fastidi ci han dati! Una sera, fra le altre, suscitarono un allarme pericoloso, e successe un mezzo putiferio. Nell'oscurità, si sparò contro i nostri che rientravano a precipizio! La ressa che la turba spaventata faceva all'ingresso del forte fu tale, che la porta, sebbene difesa da palizzate e da *Cavalli di Frisia*, ne fu sfondata. Per fortuna si ebbero soltanto un indigeno ferito e un bambino asfissiato nella ressa.

– Dimenticavo chiederle: quando è stato il maggiore Salsa nel forte?

– Il maggiore Salsa è partito pel campo del Negus il 31 marzo dopo 3 o quattro giorni di residenza presso di noi. Pochi giorni sono scrisse dal campo di Mangascià chiedendo qualche po' di danaro, dei vestiti e della cibaria. Nella letta diceva che Mangascià si dirigeva

Le macinatrici d'orzo.

verso il Tiembien, ma evidentemente la notizia era stata imposta dal ras. Del suo ritorno non parlava. Il maggiore Prestinari gli mandò qualche centinaio di talleri, del pane, del cognac e delle scatole di conserve alimentari; poi più nessuna notizia.

La sera, nell'edificio centrale del forte, l'antica casa di ras Sebath, nel salone del *Baitù* o consiglio, che serve anche da tribunale e per la mensa degli ufficiali, la monotonia consueta dei tristi giorni dell'isolamento si mutò in allegria espansiva: fu fatto uno strappo alla rigidezza della dispensa e della cantina. Bisognava che entrassi in Adigrat, fra gli assediati, per rinfrancarmi delle privazioni degli ultimi giorni di marcia: maccheroni e sciampagna di Conegliano, la manna del cielo!

La fanfara venne ad intonare la marcia reale, il maggiore Prestinari si alzò colle lagrime agli occhi gridando: Viva il Re!

Chi non avrebbe avuto delle lacrime di commozione?

Più tardi, al levare della mensa, entrò nella sala il concertino a corda: due mandolini e due chitarre, una delle quali costruita nel forte, una specie di trapezoide, un capolavoro! Il caporale Paoli suonò

sul mandolino una sua composizione: "l'Assedio di Adigrat", una specie di "Battaglia di Solferino", colla sveglia, il combattimento e... la
vittoria.

– Ora le faremo vedere le fabbricazioni del forte: non è solo la chi-
tarra che deve meravigliarla.

E mi venne mostrato un mazzo di carte da giuoco miniate a mano,
poi candele fatte con cera indigena, cucchiai, pipe strane fabbricate
con ditali e radici di mimosa.

– Ma dunque avevate del tabacco da fumare?

Che tabacco! Una sudiceria indigena che i bravi soldati si sforzava-
no di conciare, di profumare con rhum, acqua di felsina, e perfino
con acqua di china!

Ma il capolavoro era il bastone-scongiuro contro la jettatura, contro gli assedianti: un bastone istoriato dove in testa figurava un ferro
di cavallo, un chiodo, una chiave, un paio di corni, il numero 13 e
tanti altri emblemi contro il malocchio, escogitati dalle fantasie meri-

dionali dei rinchiusi; in mezzo al bastone lo scongiuro napoletano
che comincia modestamente: "Coda 'e gatta", ma che finisce maluc-
cio! La serata si chiuse sparando gli ultimi razzi-segnali che il forte
possedeva; queste bombe policrome, fischianti, per poco non suscitarono un allarme nel campo dei liberatori!

(NOTA AL CAP. La fotografia da cui è tratta questa incisione e
qualche altra inserita in questo capitolo, le debbo alla cortesia del dott.
Quattrociocchi direttore del 1.° riparto della Croce Rossa che trovai ad
Adigrat convalescente d'un attacco di tifoidea.)

VIII

A CHERSEBER

– Ma che si fa? Usciamo o restiamo? – s'interrogavano a vicenda gli ufficiali.

Un ordine arrivò:

Cherseber, 4 maggio 1896.

Signor Comandante del forte di Adigrat.

Domattina fra le 7 e le 8, valendosi di tutti i mezzi di cui può disporre, faccia uscire dal forte tutto ciò che è possibile di personale, dirigendolo verso gli accampamenti del corpo d'operazione.

Accampamento di Cherseber.

Appena potrò, e spero sarà domani, le manderò altri mezzi di trasporto. Predisponga quindi quanto è necessario per valersi di tali mezzi, dopo lo sgombero completo del personale; se sarà possibile sgomberare parte del materiale, dovrà darsi la precedenza alle munizioni ed *armi portatili*. In conseguenza predisponga anche la *distribuzione* di tutto il materiale che presumibilmente non potrà essere asportato.

Nello sgombero di cui trattasi la S.V. sarà appoggiato dalle truppe della divisione del generale Del Mayno, cui ho dato a tal uopo comunicazione di quanto precede.

Voglia intanto farmi conoscere quanti quadrupedi, all'incirca, potranno occorrere per lo sgombero del personale, quanti pel materiale su accennato e quante razioni di viveri trovansi nel forte allo scopo di poter, eventualmente, ricorrere a queste per le truppe del corpo d'operazione. Naturalmente l'operazione da effettuarsi domattina non avrà effettuazione qualora le truppe della divisione Del Mayno fossero, anche parzialmente, impegnate in combattimento.

In tale caso l'operazione stessa verrà rimandata a quando il prefato generale Le farà conoscere.

Il Tenente Generale Comandante in capo
BALDISSERA.

Nulla avvenne che potesse far sospendere l'uscita del personale dal forte. La colonna dei malati cominciò ad uscire alle sette e mezza: erano 176, tra i quali 40 portati in barella, il resto sui muletti. La lunga colonna, scortata da un drappello di cacciatori serpeggiava nel piano, lontano; dall'alto del ciglione di Zaban-Zafran ci arriva lunghissimo, insistente, un entusiastico hurrà! I soldati della divisione Del Mayno salutano la colonna dei feriti.

In quell'istante vari fortissime detonazioni dalle parte delle infermerie, all'esterno del forte, richiamano l'attenzione di tutti.

– Che cosa succede?

Sono i pezzi del forte che si fanno saltare colla dinamite.

– Ma perchè? chi c'incalza?

Nell'istesso tempo arriva il maggiore Fusco con una compagnia del genio, che comincia ad atterrare lo spalto di mezzogiorno.

Il generale Del Mayno arriva acclamato, vede la distruzione che si fa delle artiglierie, ne resta sorpreso e vuole portare con sè uno dei pezzi, avanzo glorioso della difesa di Macallè.

Evacuazione del forte di Adigrat.

Il generale Del Mayno entra acclamato nel forte di Adigrat.

A questo punto arriva un biglietto del comandante in capo che deplorava la distruzione dei cannoni.

Che significava tutto questo? Era stato effetto di cattiva interpretazione dell'ordine ricevuto la sera avanti?

Il maggior Prestinari non poteva aver letto *distruzione* per *distribu-*

zione; come comandante di un forte nell'imminenza dell'abbandono, mancando di mezzi di trasporto, aveva creduto doveroso di distruggere le artiglierie?

Ma il comandante in capo d'altra parte parve non avesse punto questa intenzione: fece cessare la distruzione dei pezzi, fece riedificare lo spalto, e fece guarnire i ridotti dai pezzi di montagna della batteria Casano della 1.° divisione. L'ordine era arrivato a tempo per risparmiare le mitragliere.

E la compagnia del genio comandata da un ufficiale superiore, chi l'aveva mandata?

Un altro equivoco; due in un caso solo: un'anomalia che, nella precisione degli ordini a cui si era abituati, parve assai strana!

Che si sappia non fu chiamato responsabile nessuno di questa *distr...uzione*, il che può convincere che equivoco che deve esserci stato.

Il generale Baldissera, che conosceva di già le intenzioni del governo e le esplicite dichiarazioni fatte dal presidente del Consiglio, di volersi cioè ritirare sulla linea Mareb-Belesa-Muna, da scrupoloso soldato, prima di abbandonare Adigrat, si era affrettato a far rilevare la posizione fortissima, la compattezza e lo spirito delle sue due divisioni; l'abbondanza dei viveri di cui disponeva, la morìa dei quadrupedi cessata; dichiarandosi pronto a ogni evenienza.[1]

Da Roma fu risposto che se le circostanze avessero obbligato il corpo d'operazione ad aprirsi la strada per Adigrat, sconfiggendo le forze riunite del nemico, si sarebbe potuto prendere in esame la con-

---

[1] " Durante la notte dal 4 al 5 i tigrini sonosi allontanati dai luoghi occupati dal corpo d'operazione. Noi occupiamo fortemente, da Dongollo ad Adigrat, tutti i punti importanti. Uscita e accesso al forte sono ormai perfettamente liberi. Stamane uscirono dal forte circa 300 feriti e malati, fra' quali 40 su barelle; domani usciranno rimanenti, diretti tutti Adi-Cajè. Capi tigrini sembrano pel momento disorientati e sconcertati. Sebath e Agos Tafari *errano* disuniti sul nostro fianco sinistro. Mangascià, sulla nostra destra, pare tuttora incerto sul da farsi. Alula, ingannato dalla dimostrazione del colonnello Paganini, accorse in Adua, ove trovasi tuttora con duemila fucili. Nostre forze, al contrario, trovansi compatte *e pronte ad ogni evenienza*. Viveri non mancano, scarseggia invece sempre più acqua. Salute troppo buona, così pure lo spirito.

Morìa nei quadrupedi pressocchè cessata. Questa è la situazione d'oggi. Come devo regolarmi? Debbo ultimare lo sgombero e quindi retrocedere? In tutti i modi, ritengo necessario iniziare senz'altro rimpatrio presidi Massaua, Archico, Ghinda, dieci dodici battaglioni, all'incirca. Nessuna notizia Salsa nè degli scioani".

Guerra d'Africa. Relazione sulle operazioni militari del secondo periodo della campagna d'Africa. 1895-96. Roma, Voghera, pag. 23 e 24.

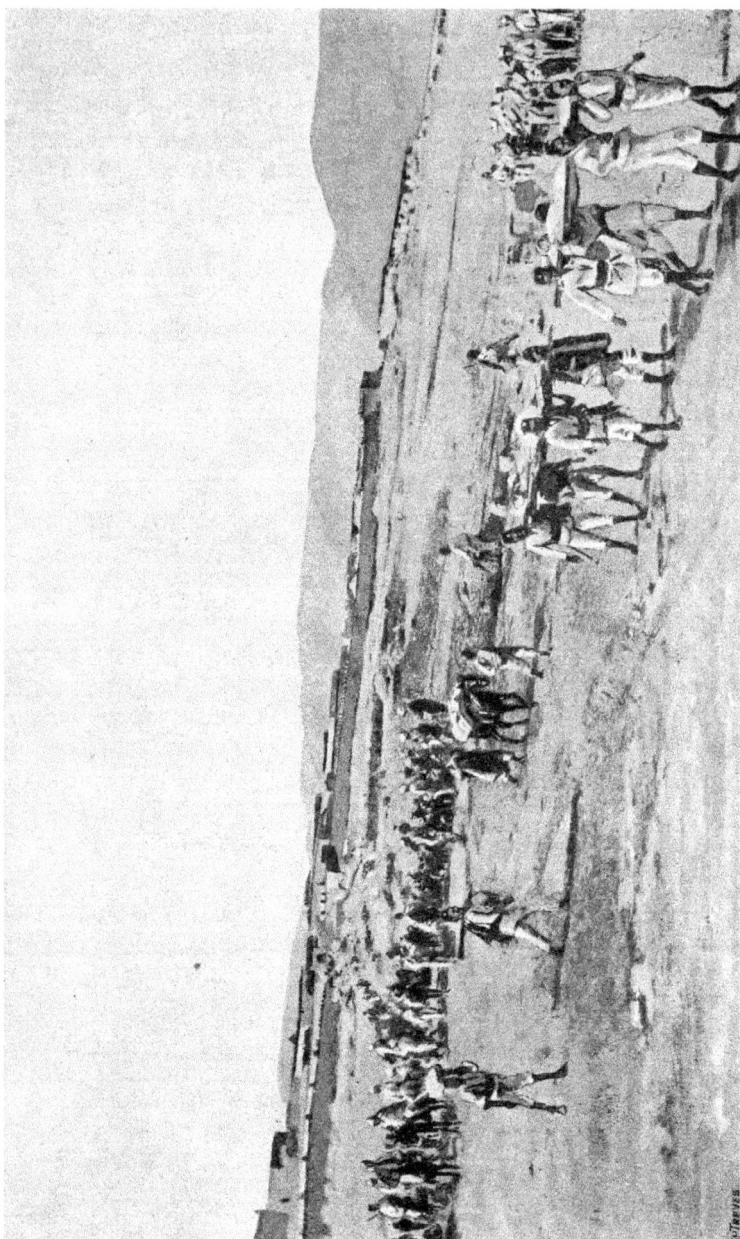

Uscita degli ammalati dal forte di Adigrat.

venienza o meno di conservare quel forte, ma che essendo restate intatte le forze del nemico, non eravi dubbio sulla scelta e quindi pensasse a ripiegare senz'altro al nord della linea Belesa-Muna.

Erano usciti dal forte gli ammalati e i convalescenti.

Nonostante la risposta del governo, parve opportuno al governatore di approfittare della vantaggiosa nostra posizione, per *indurre* i capi tigrini a restituirci i nostri prigionieri,[2] e fece di Cherseber la sede permanente del suo quartier generale.

Del maggior Salsa tenuto in ostaggio non si aveva nessuna notizia; il maggior Prestinari aveva scritto inutilmente a Mangascià: "Spero che il maggior Salsa sia libero, perchè quelli che si mandano per fare la pace non si possono arrestare; così dice il vangelo di Cristo ed anche il Fata Neghesti".

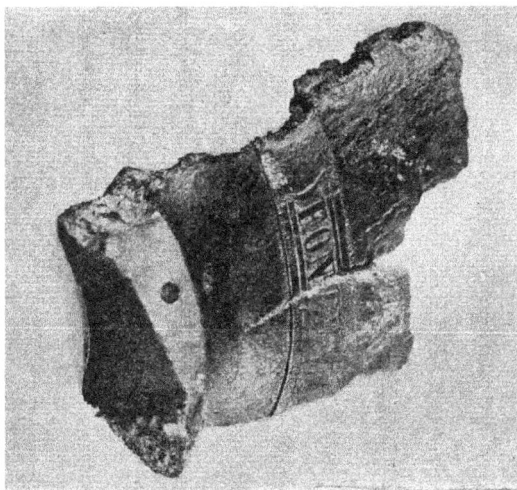

Scheggia dei cannoni fatti saltare ad Adigrat.

Baldissera scrive a Mangascià, promulga bandi ed intimazioni, minacciando punizioni e rappresaglie severe: "Io generale Baldissera, grande ufficiale dello Stato, Governatore della Colonia Eritrea, al popolo dell'Agamè e del Tigrè. Udite la mie parole: sono venuto per prendere i prigionieri e per fare la pace. Se ras Mangascià non mi rende i prigionieri, sono costretto a fare la guerra, ed a distruggere il paese. Il Governo vi dice: portatemi i prigionieri, tornate alle vostre case e coltivate i vostri campi che adesso è tempo, poichè c'è la pioggia. Non voglio armi, voglio i miei soldati. Chi seguita a sparare contro gli Italiani avrà la casa e tutta la roba bruciata e morirà di fame. I prigionieri li voglio

2 *Guerra d'Africa*, relaz. cit., pag. 24.

Le tende del comando in capo a Cherseber.

Debra Matzò.

entro tre giorni: non avendoli, continuerò la guerra e comincerò l'opera di sterminio di tutto l'Agamè". Minaccia pel giorno 15 un'avanzata di tutto il corpo d'operazione per l'Alequà e l'Entisciò, ed incarica il generale Del Mayno a predisporne l'effettuazione.

Ras Sebath risponde che non aveva prigionieri, e che non gli importava nulla se si fosse incendiato anche tutto il paese. Si sapeva che possedeva un ufficiale.

Gruppo di frati cofti.

Agos Tafari e ras Mangascià tergiversavano. Quest'ultimo manda messi su messi e scrive sciocchezze per far credere che era incaricato da Menelik di trattare e firmare per lui la pace, assicurando che era pronto a consegnare i prigionieri nostri che si trovavano tuttora nel Tigrè, purchè avessimo abbandonato subito Adigrat.

Il generale Baldissera non ha tempo da perdere e vuol farla finita colle tergiversazioni e colle chiacchiere, dispone che senza ritardo le sue minacce abbiano un principio di esecuzione.

Comincia dalla zona da noi rioccupata: lo Scimenzana e l'Agamè; vuol liberarla dalle orde ribelli che si erano date alle balze e alle ambe al nostro appressarsi. Una vergogna, diceva, che bisogna togier via ad ogni costo, subito.

Dà ordine al colonnello Stevani di cominciare da Sebath che diceva di non avere prigionieri italiani. Stevani il giorno 7 si dirige con tre battaglioni indigeni, uno di bersaglieri e una batteria contro l'am-

Il colonnello Stevani.

ba di Debra Matzò, solito nascondiglio del ras. Insegue il ras di amba in amba, gli uccide 12 uomini, gli toglie trecento capi di bestiame e fa incendiare quattro villaggi, dai quali era stato tirato contro i nostri.

Poi pensò a mettere a posto quel covo di traditori che era il convento di Debra-Damo, collocato precisamente sulle retrovie del corpo di operazione.

Il fondatore di quel famoso convento, secondo la leggenda, è l'Abbà Aragani, che venuto da Roma, dopo aver girato tutto il mondo, si fermò estatico ai piedi di quell'amba che gli parve il monte più bello dell'universo. Chiese al cielo la grazia di potervi salire, e Dio fece scendere dalla cima dell'amba un enorme serpente che avvolgendo il santo nelle sue spire, lo trasportò sul monte deponendolo in un luogo tuttora venerato e baciato dai monaci che l'abitano.

Il santo, dopo aver vissuto colassù molti anni, fondatovi il convento, spossato dal lavoro si addormentò un giorno nella sua cella – ancora esistente – e non fu più visto uscire. "Non è morto" dicono i preti di Debra-Damo, "si è addormentato e i santi lo portarono via". Attengono il suo ritorno; credono che sia andato nuovamente a Roma, ed al maggiore Prestinari, recatosi nel novembre '96 a visitare il convento, domandarono se aveva conosciuto colà il loro padre Aragani.

Fu incaricato ancora il colonnello Stevani di salire l'amba, anche senza l'aiuto del serpente. Stevani fu appoggiato dalla brigata Mazza che prese posizione a Mai-Maret.

Dal gennaio al maggio Stevani, co' suoi indigeni, percorse più di mille chilometri: da Adigrat a Sauria, da Sauria a Mai-Maret, da Mai-Maret ad Adua, da Adua, fresco come una rosa, a Monte Mocram, a Tucruf, a Cassala! Da Cassala, *dietro-front*, un'altra volta nell'Oculè-Cusai. Una mattina, nel nostro campo di Mai-Sarau, alla sveglia, avemmo la sorpresa di trovare l'acqua occupata dai suoi ascari, che sapevamo agli antipodi! Alla sera non c'erano più; spariti.... erano già ad Adi-Cajè, agli ordini di Baldissera.

Stevani, che è un po' artista negli atteggiamenti, come lo sono stati tutti i soldati valorosi da Cesare in poi, si fa trovare, ritto, imponente, fra due pezzi d'artiglieria circondato da' suoi più belli ascari; alla sua sinistra il tenente Togni, bel tipo di giovanotto alto quanto ardimentoso, un tenente, cioè, lungo di molto.

– Signori *cristos*, – traduceva l'interprete, – il signor colonnello Stevani dice che non basta parlare con loro signori rispettabilissimi, ma che vuole avere il piacere di riverire il signor priore del convento in persona.

– Ma il priore è malatissimo.

– Allora verrò io a trovarlo con cento uomini dei miei!

Profanazione! in quel convento dove nessun estraneo mai ha ardito infrangere la clausura, in quel convento dove entrano i frati soltanto e mai le suore, solo i maschi, anche fra le bestie, cioè nè capre, nè pecore, nè giumente, nè vitelle, nè galline.... neanche le galline! Figuratevi se poteva entrarvi Stevani, l'*ascaro gallina*, come chiamano i bersaglieri che portano le piume sul cappello!

Stevani, che aveva i nervi irritati pel seppellimento già fatto di trenta cadaveri dei nostri soldati, fra cui tre ufficiali, che non aveva potu-

L'ascensione del tenente Togni sull'amba di Debra-Damo.

to identificare, cadaveri che giacevano in quei pressi, per virtù pia dei frati dell'amba, dice ai suoi ufficiali:

– Benissimo, giacchè nè il priore viene, nè io posso andarvi, facciano il piacere di caricare i pezzi e mirare lassù alla spianata, fra le ombrie delle mimose, dove appare la distesa dei comodi *tucul* dei frati, mirino alla chiesa, a sinistra, si capisce che là dentro deve stare il priore.

– Abiet! Abiet! – la solita musica dei frati. – Pietà, misericordia, no! Che cosa fate? Questo non deve succedere nel nome di *Cristos*, vediamo, troviamo un rimedio, signor colonnello.

Pronti sempre ai ripieghi, propongono che vada il tenente Togni, solo, a portare al priore la parola del signor colonnello, ma prima doveva giurare sulle croci, sulle loro croci a traforo, che non avrebbe perpetrato nessun tradimento, non avrebbe fatto nulla di male a nessuno.

Togni, manco a dirlo, esulta dal piacere di andar a trovare il priore di Debra-Damo, di penetrare e curiosare in quel *sancta sanctorum*, e poichè ottiene il consenso del suo colonnello rivolto ai *cristos* comincia a cantar loro sul muso:

Iammo, 'ncuoppo, iammo!!

Poichè Francesco Togni parla tutti i dialetti, dal napoletano al milanese; non potei mai capire di quale paese d'Italia egli fosse; credo sia veneto per l'economia che fa di consonanti, ma Togni è capace di farlo apposta.

Dopo di avere spergiurato sulla croce, si arrampica sulla corda calata dal primo ciglio dell'amba, mentre un'altra partita di *cristos* che regge la corda dall'alto, gli mostra un'altra croce come a dirgli: Bada a quello che fai, sai! ricordati del giuramento! E Togni dal basso, montando come uno scojattolo:

– No molar.... ostaria!

Dopo di avere ancora fatto un'altra salita sulle liane, attraversate trincee a secco, dove i miti frati appoggiarono le bocche dei loro remington per sparare sulle nostre colonne in ritirata, dopo averle attraversate le aiuole di berberì e i prati di *taf* fra le mandrie... maschili, fu introdotto presso il Priore, che era disteso sull'ampio *angareb* circondato da più di duecento frati.

E il Togni: – Leva su, tovajan, che te ghet nagotta!...

Il frate che faceva da interprete non seppe tradurre.

– Dico, continuò il tenente, che il generale Baldissera, e per lui il colonnello Stevani, vuole che vostra reverenza si interessi sul serio alla restituzione dei nostri prigionieri, che inciti i contadini a ritornare ai loro villaggi cessando qualunque ostilità contro gli Italiani! E per mostrare poi la buona volontà di adempiere a tutto questo, cominci la reverenza vostra col pagare un tributo di cento quintali d'orzo. Il signor colonnello mi incarica altresì di dirle che ove ritardasse colle usate tergiversazioni, brucierà senz'altro tutti i villaggi dipendenti dal convento; sequestrerà tutte le mandrie, i capi femminili inclusi, e legherà a doppio giro (e qui indicò col dito in circolo, da un capo all'altro tutto il corteggio) le reverenze loro, tutte!

L'interprete tradusse ogni cosa d'un fiato solo.

L'ammalato migliorava, poichè s'alzò appoggiandosi col gomito sinistro all'angareb e col braccio destro cominciò a trinciare scongiuri e battersi il petto:

– Ma io ho scritto a Mangascià, ad Alula, al Negus, e vedrete, presto avrete i prigionieri, tutti! Ho già dato dell'orzo agli Italiani, levandomelo proprio di bocca, e ne darà ancora, per farvi vedere la mia buona volontà. Me ne rimangono venti quintali soltanto ma li darà a voi; a noi, pazienza, penserà *Cristos*, fra otto giorni vedrò pel resto.... se ne troverò ancora!

Non ne avevano più, dell'orzo!... Nelle grotte di Adì Guden, vicino al convento, il giorno dopo, se ne trovò nascosto per mille e cinquecento quintali, insieme colla roba razziata alle nostre carovane, qualche giorno avanti alla giornata del 1.° marzo!

IX

ANCORA A CHERSEBER

Ad appoggiare le operazioni del colonnello Stevani nell'Entisciò era stato mandato, come dissi, il generale Mazza colla sua brigata. Il reggimento Brusati era in avamposti sul ciglione di Mai-Maret; i piccoli posti di questo reggimento occupavano l'orlo dell'ampia muraglia di roccie, disposta quasi ad anfiteatro, prospicente la valle di Guighi e le ambe di Debra-Damo. Il tenente Alfaro, che comandava uno di questi posti d'osservazione, notò come qualcosa di sospetto avvenisse

Recinto delle sussistenze militari a Cherseber.

alla base della muraglia: vide che avvicinatosi furtivo un gruppo d'indigeni, che conduceva tre o quattro muletti, sparì verso una direzione sottostante che sfuggiva alle sue osservazioni.

Insospettito della misteriosa sparizione, Alfaro, col tenente Ottina e l'aiutante maggiore Santini, imprese il giro dello spalto di granito portandosi di faccia all'incassatura dove i contadini s'erano diretti, facendovi appiattare alcuni soldati.

Guardando col cannocchiale potè accorgersi che lungo la muraglia a picco v'erano delle grotte, isolate, come finestre, tante tane inaccessibili anche alle jene. Vide attraverso una di esse che qualche cosa si muoveva dentro: erano strani abitanti di quelle grotte che scambiavano segni d'intelligenza cogli indigeni nuovi arrivati.

Ne fu avvisato il colonnello Brusati, che immediatamente staccò una compagnia e si recò senz'altro ai piedi della grotta sospetta elevata quindici metri dal suolo e inaccessibile. Il colonnello intimò agli invisibili trogloditi di comparire, e si mostrarono infatti tre musi neri che sembravano diavoli.

– Che fate lassù?

– Nulla, questa è la casa nostra.

– Benissimo, permettetemi allora che venga a farvi una visita.

– Non possiamo permettertelo, qui comandiamo noi, – risponde una faccia patibolare.

– Allora, vedi, farò mettere in batteria un cannone sull'amba là di faccia e farò tirare contro il vostro nascondiglio dal quale non potrei snidarvi a fucilate. Non ho tempo da perdere.

E intanto fece trarre in arresto e legare i tre più giovani dei cinque che erano stati sorpresi sotto la grotta.

– Ora che ci hai presi, – dissero colla solita fatale rassegnazione, – fa di noi quello che vuoi.

I tre della grotta parlamentarono: – Giurate sulla croce che non ci farete del male, deponete le armi.

Il tenente Alfaro fece mostra di giurare, deponendo la sciabola, ma nascose bene, dietro la giubba, il suo revolver.

Dalla bocca della grotta pendeva una strana scala fatta di tronchi d'albero agganciati a catena per i gomiti delle ramificazioni, primitivamente legati con edere e liane secche. Quella scala apocalittica era staccata dal suolo, bruciata a mezzo, in guisa da non poter essere più adoperata. Ma dopo le minaccie e le trattative, gli abitatori della grotta calarono una doppia fune. Allora, a gara, ufficiali graduati, semplici soldati, volevano tutti salire. La scalata non era nè facile nè scevra di pericolo; epperò fu permesso soltanto al tenente Alfaro, svelto come uno scoiattolo, ad un sergente e ad un soldato, agili quanto lui, di tentare l'ascensione. Nel frattempo si iniziava la costruzione di una scala a piuoli con corda e con travicelli. Il

Le grotte dove i predoni dell'Agamè avevano nascoste
le provvigioni saccheggiate alle nostre carovane.

tenente Alfaro a forza di braccia e puntellandosi coi piedi e colle ginocchia contro la scabra parete di roccia, raggiunse l'imbocco dell'antro.

Primo pensiero dell'ufficiale fu di disarmare quei galantuomini neri, gettando fuori della grotta i tre fucili vetterli, italiani, che impugnavano coi caricatori pieni; attorno avevano pronte 349 cartucce, che il colonnello volle contare.

– Ma qui c'è un arsenale! – gridò al suo colonnello il tenente.

E passando sui giacigli dei neri guardiani, scorse accumulati, nel fondo della grotta, fino a perdita d'occhio, sacchi su sacchi, orzo e farina. Sui sacchi c'era lo scudo d'Italia, su molti sacchi di farina e di orzo la scritta a stampiglia: *Sussistenze militari*. Tende, sciabole, oggetti da calzolaio e da muratore appartenenti al genio, una grande quantità di corda (che fu poi una vera manna pel corpo d'operazione che ne difettava) e colla roba nostra scudi, lance, ogni sorta d'armi del paese, oggetti sacri e profani; tutto ciò insomma che avevano potuto nascondere, insieme alla preda, i paesani di Debra-Damo e di Mai-Maret. Continuando a frugare si rinvennero dentro alla tana scatole di carne dei nostri soldati, scarpe, selle, basti d'ordinanza, cassette e oggetti di medicazione! Agli ufficiali veniva la voglia di strozzare quei maledetti briganti! Tutta quella roba era nella massima parte il *compendio* della razzìa perpetrata a danno d'una nostra carovana di rifornimento, di cui non si ebbe più nuova alla vigilia della giornata di Adua!

Vicino alla grotta, in un burrone sottostante, a diecine erano sparsi i cadaveri dei cammelli. Là presso, le truppe del generale Mazza rinvennero 18 cadaveri dei nostri soldati: un gruppo che evidentemente aveva tentato una difesa e restò massacrato. Nella giubba di uno dei cadaveri era stato trovato un taccuino: apparteneva al sottotenente Taxil.

Altre bocche di caverne apparvero simili alla prima; la cosa si complicava.

Ne fu informato subito il governatore che pensando forse ai prigionieri nostri e all'intromissione che sperava dal priore di Debra-Damo, prese la penna e scrisse:

"Mandato dal Generale Baldissera, Comandante il Corpo delle Truppe d'Africa, Governatore della Colonia Eritrea, che arrivi al Priore di Debra-Damo figlio dell'Abuna Aragani.

Come sta? Io sto bene, grazie a Dio. Avendo bisogno di cento quintali d'orzo per le mie truppe, li faccio prendere presso Adi

Guden ove ce n'è molto. La prego di avvertire i proprietari di quelle granaglie che l'orzo preso sarà loro pagato o restituito, come crederanno meglio".

E mandò subito, intanto, alle grotte un riparto del genio a portar via il trasportabile.

Volli seguire la piccola colonna nella strana spedizione tornando a Mai-Maret. Sotto al burrone eravi una chiesa, non se ne sarebbe potuto dubitare; in nessun luogo come in Abissinia si può meglio applicare il proverbio: "Vicini alla chiesa, lontani da Dio". Quando vi arrivai, il sentiero era letteralmente coperto di orzo, di grano, di ceci, di piselli e di lenticchie. Ai guardiani che erano stati consegnati al tenente Sapelli, ben legati, d'ordine del governatore s'erano sostituiti altri tre che trovammo in possesso delle grotte. Quando si accorsero come si volesse portar via la roba tentarono protestare.... ma smisero subito.

Ci voleva ben altro, per tutto quel ben di Dio, che la nostra piccola colonna di muli!

Il lavoro di caricamento di una piccola parte del materiale durò parecchie ore. I muli avevano dovuto arrestarsi al margine di quei massi dirupati; ai nostri soldati toccò di trasportare a spalle, in alto, i pesanti sacchi di biade e di cartucce, fino al margine del ciglione! Nell'ora del riposo i bravi figliuoli, addossati alla chiesa, consumando la loro carne in conserva, commentavano la strana e lugubre scoperta. Avevano riunite uose, nappine, galloni e distintivi di soldati italiani, dei loro compagni sorpresi e massacrati, e li conservavano nel petto, sotto il farsetto a maglia, come tante reliquie!

Gli ufficiali si sedettero per riposare all'ombra di due superbi sicomori e di certi platani aggrovigliati, che facevano verde padiglione al margine di un profondo incavo roccioso. Nel centro, s'ergeva una larga tazza di calcare, messa lì da quei preti raffinati a raccogliere i limpidi, abbondanti stillicidii delle stalattiti.

Sempre questi contrati della bella, vergine, maestosa natura, accanto all'orrore dei tradimenti e della barbarie dei nativi!

Vicino alla chiesa avevo visto due fonoliti sospesi a un tronco d'albero con fili da telegrafo: le campane del villaggio. Quelle lastre di calcare schistoso e la struttura delle pareti delle caverne avevano destato un po' la mia attenzione. Impresi a seguire l'orlo della grotta dove appariva a ogni passo, a perpendicolo, un precipizio; guardavo fra le sinuosità di certi ceppi grigiastri, disposti a strati appiattiti; fin che mi accorsi che camminavo sopra uno strato di schisto litografico, assai somigliante al calcare giurassico di Baviera.[1]

I fonoliti non mi avevano ingannato.

– Chi sa che ricchezze di minerali in questo sottosuolo! – osservavo al bravo capitano del genio Bonelli. Ed egli con fine ironia: – L'Africa ha strane sorprese sempre; dalle viscere della terra se spunta-

Un'orda della banda Sapelli.

no ladroni e traditori, spuntano quando meno ce lo aspettiamo, le biade insaccate e.... le pietre da litografare!

Pochi giorni dopo il tenente Sapelli ebbe l'ordine di operare colle sue bande dell'Oculè-Cusai contro l'Ambra Debra, occupata da Degiacc Desta, figlio di ras Sebath; in quella località che era ritenuta fin allora pressocchè imprendibile. Amba Debra è nel paese dei Debri Mela, confina collo Scimenzana, sempre nella zona di nostra assoluta dipendenza. L'amba s'erge maestosa a picco, per un'altezza di 800

---

[1] Portai in Italia un pezzo di quel calcare che sottoposi alla prova. L'esito fu ottimo: stampai, dal trasporto fattovi, una incisione di corsivo inglese delicatissimo.

Presa di Amba Debra.

Il tenente Sapelli.

metri con una base di 12 chilometri di perimetro. Sapelli partì il sabato alle 16 e mezzo da Mai Massolai, ed arrampicandosi per uno dei sentieri di accesso, arrivò alla porta del muro cintato alle 20 e mezzo. La porta venne attaccata a calciate di fucili e a colpi di sassi. Il tenente Marozzi e il soldato Iccheri di San Giorgio, volontario ed ex tenente di cavalleria, finirono per sfondare a colpi di spalla quell'uscio barricato. Altri uomini delle bande scalavano intanto un muro laterale che diminuì la resistenza alla porta. Il figlio di ras Sebath e il presidio, all'attacco improvviso e furioso, abbandonarono la resistenza, e favoriti dall'oscurità riescirono a porsi in salvo, lasciando tutte le provvigioni, 4 prigionieri e 5 morti.

Il tenente Sapelli ha 29 anni, fu promosso tenente nell'88 e da quell'anno risiede sempre in Africa, prese parte a molti combattimenti fino ad Abba Carima. In tutto questo tempo era mai tornato in

Italia.[2] Il Sapelli è un bel giovanotto biondo, audacissimo, e parla il tigrino così bene come lo parla ras Mangascià. È questo un vantaggio per gli ufficiali che riescono così a rendersi affezionati agli indigeni che comandano. Un emulo in lingua tigrina, il Sapelli lo ha nel Mulazzani che risiede ad Adiqualà e comanda da vari anni le bande

Il colonnello Paganini.

del Saraè: un migliaio di vetterli.

La dimostrazione su Adua, eseguita dal colonnello Paganini, con due battaglioni di bersaglieri, uno di fanteria, una sezione di artiglieria e le bande del Saraè, aveva avuto esito felice in quanto riguardava

[2] Venne in licenza nel luglio di quest'anno.

la distruzione delle forze di Alula dal centro delle nostre operazioni nell'Agamè.

Preparata la dimostrazione in guisa da poter essere condotta a fondo assumendo carattere risolutivo, il colonnello Paganini, secon-

Ciglione di Zeban-Zefran.

dando gli ordini del governatore, aveva preso tutte le disposizioni per un'occupazione temporanea della capitale del Tigrè, e per l'arresto del maggior numero possibile di notabilità devote ai ras, allo scopo di ottenere, mediante scambi, la liberazione dei prigionieri.[3]

Il 1.° maggio le bande Mulazzani avevano passato il Mareb ed occupato il fortino di Mehucqua il quale fu abbandonato dalla guardia tigrina al primo apparire delle nostre punte. Il giorno 2 le bande poterono occupare, senza colpo ferire, l'altura di Daro-Taclè, spingendo ricognizioni fino nel passo di Gasciorschi alle porte di Adua.

Il 3 maggio, Alula con un migliaio di seguaci arriva di fretta ad

---

[3] *Guerra d'Africa*, relaz. cit., Alleg. 7.

Campo di Legat dal bosco di Abba Metà.

Cimitero di Gualà dove sono sepolti gl'Italiani morti in Adigrat.

Adua, batte il chitet e riesce a riunire 1500 fucili, coi quali si allontana il giorno successivo ad occidente, verso Axum.

Il ridotto Toselli vicino al convento di Gualà.

L'azione militare era però sempre associata alle pratiche diplomatiche. Il governatore si valeva per queste di un giovane prete intelligente ed astuto: Abba Ghebi Christos. Terzo dei tanti figli di un capo dell'Amassen sconfitto da Alula, fu ricoverato, giovanissimo, nel seminario indigeno di Keren, tenuto allora dai Lazzaristi. I suoi fratelli, che godono sempre molta fama e influenza, scandalizzati della sua conversione al cattolicismo, lo piansero come morto e lo privarono della sua parte di eredità. Abba Ghebi Christos conosce il latino, parla il ghez, l'amarico e il francese. Quando vennero gli Italiani, studiò la lingua italiana che conosce benissimo; riuscì colla sua furberia a impossessarsi di Gualà, quella specie di convento che s'eleva sopra il forte ed il paese di Adigrat.[4]

---

[4] Il convento è 3500 metri ad oriente del forte di Adigrat. Il villaggio di Adigrat (paese fertile) è situato a 1300 metri ad occidente del forte sulla strada che conduce ad Alequà.

Quel convento è un'oasi. Situato sul declivio meridionale del Zeban-Zafran, poco lontano dall'alto ridotto costrutto dal povero maggior Toselli, dove la vista corre fino alle lontane cortine di Adagamus; riparato dai venti di tramontana dalle alte coste di Abba Metà, la terra che lo eleva è privilegiata di una fecondità assolutamente tropicale. L'orto di quel convento forniva le verdure al vicino forte, e fummo stupiti e deliziati, nel tempo istesso, di poter portare alle nostre tende, alle nostre aride cucine, da quelle verdi terrazze, lattughe romane e cedri superbi! Le sementi di quelle ortaglie avevano un'origine italiana: padre Jacobis, vescovo napoletano nel 1860, ai tempi di monsignor Massaja, si era recato nell'Agamè e in Gualà vi aveva fabbricato e chiesa e casa. Re Giovanni ne lo scacciò donandole ad uno dei suoi degiacc. Padre Ghebi Christos, che riconsacrò e restaurò l'eremo cattolico, coi suoi monaci e coll'aiuto dei nostri soldati ha costruito ora un piccolo cimitero, dove sono le tombe degli ufficiali e soldati italiani morti ad Adigrat.[5]

Distribuendoci le immagini francesi litografate del Sacro Cuore, colle giaculatorie in francese e in amarico, ci fa pagare un bel tallero suonante ogni due piante di cavolo o di finocchio!

Ma caricando la mia muletta come un ortolano di Peretola, i miei talleri glieli davo volentieri, poichè egli, unendoli ai talleri coloniali, ne faceva un uso eccellente: Abba Christos era andato da Agos Tafari per trattare con ardore la liberazione dei nostri prigionieri. Il degiacc non volle nemmeno riceverlo. Ma Abba Christos non si perde d'animo, corre a comprare del miele, spendendo dieci talleri, va ad offrirlo ad Agos Tafari, e allora fu un altro paio di maniche....

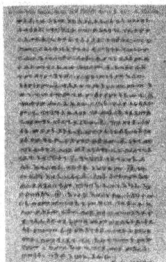

---

[5] Tenente del genio Caramella, ten. Caputo (morto ad Adigrat in conseguenza delle ferite riportate ad Alequà), serg. dei bersaglieri Bado, cap. magg. Bassino.

X

I PRIGIONIERI DEL TIGRÈ

Il tenente Bodrero passò una mattina vicino alla mia baracca. – Se vuol dare una istantanea interessante, mi dice, fra tre ore ripasserò col tenente Cimino e i prigionieri che vado a prendere da Agos Tafari a Mai Sciò.

Un gruppo di prigionieri.

Bodrero era seguito da pochi carabinieri e una ventina di muletti abissini.

– Buon viaggio, e tante cose a Tafari.

Mi feci subito insellare il muletto e seguii la strada di Bodrero. Verso mezzodì, vidi avanzare lentamente il gruppo dei prigionieri, tutti a cavallo ai muletti. Cimino ha un barbone da gustatore, i dieci o dodici soldati sono tutti abbattuti e sofferenti. Lo slancio, dirò così, l'italianità dei nostri soldati, non c'era più; parevano tanti limoni spremuti.

È inutile, l'emozione non mi fa aprire nemmeno l'obbiettivo, corro a salutare i prigionieri dapprima, poi arretrandomi tento l'istantanea; fra il cielo annuvolato e il tremito di commozione la pellicola mi rese tremanti anche i prigionieri. La riproduzione che inserisco è ritoccata.

A Cherseber furono fatti rifocillare, raccolti sotto due tende coniche vicino alla sezione di sanità. Il capitano medico Bocchia li visita: sono la maggior parte mezzi accecati dal mal d'occhi. Erano stati catturati tutti ad Alequà, eccetto il soldato Discienzio, che combatté in Adua, e fu condotto dapprima al campo del Negus, che seguì per venti giorni negli spostamenti da Entisciò, Faras Mai, Adagamus e Mai Mogheltà, poi fuggì verso Adigrat. Lo arrestò un seguace di Agos Tafari, che lo tradusse ad Amba Beerà.

Il Cimino circondato da numerosi ribelli, si difese insieme coi soldati Acciaroli, Guarino, Dellagiovanna, Schiaroti, Mendola e Livrino, che non è fra i liberati. Sopraffatto, fu condotto coi soldati in una capanna di ras Sebath, di lì riudirono le fucilate del secondo scontro tra i ribelli e la compagnia del capitano Moccagatta.

Dopo quattro giorni, condotti a Beerà, vi trovarono prigioni, del secondo scontro di Alequà, i soldati Vinagro, Signorelli, Santini, Rappazzo, che furono costretti a trasportare i morti indigeni! Furono uniti al caporale Capestro, ai soldati Zampini, Vicario, Murno e Colesani, e trascinati in vari paesi dell'Agamè. Li custodiva Degiacc Burrù, cugino di Agos Tafari, che li nutriva con poco orzo e dura. Dormivano per terra, in una capanna costrutta con pali telegrafici. Seminudi, soffrivano per la rigidezza delle notti dell'altipiano. Alcuni di essi, per la fame, divorarono una scimmia.

Saputo della nostra avanzata, Agos Tafari li aveva ripartiti fra vari sottocapi.

Anche Sebath aveva consegnato, a denti stretti, l'ufficiale che riteneva: il tenente Poggi.

Dopo le minacce, dopo lunghe e laboriose trattative, finalmente anche ras Mangascià restituisce tutti i prigionieri del Tigrè, sei ufficiali, fra cui il colonnello Nava e il maggiore Salsa, e 90 uomini di truppa. Il ras promette di consegnare tutti i prigionieri rimasti nel Lasta.

Ci siamo portati stamane, 17 maggio, alle 5, da Cherseber ad Adigrat, per assistere allo scambio dei prigionieri col forte e coi quattro neri notabili che riteniamo.

Il governatore era arrivato, lo avevano seguito i generali Del Mayno ed Heusch col loro stato maggiore.

Povero forte! Non ha più la fisionomia lieta del giorno 4, non v'è più il formicolìo dei *tarbusc* rossi dei cacciatori e degli ascari acclamanti i liberatori. Le tende coniche, che spiccavano bianche fra gli spalti sono sparite; quell'ossame di ridotti e quella bianca dentatura

Il tenente Cimino ritorna al campo di Cherseber.

di sacchi-a-terra disegnano come un enorme scheletro che si dissolve al sole. Nell'ora calma, mattutina, la bandiera d'Italia non sventolava ancora, sì che ci parve fosse stata già tolta. Si procedeva tristi verso il forte, quando una raffica subitanea ci spiegò netti e vibranti i tre colori; senza saperlo rompemmo al galoppo sino all'arco della porta, ed aspettammo.

Bodrero era partito la sera alle 9 pel campo dei prigionieri ad Adi Grotò che di qua si vede popolato di tende. È un'insenatura fra il colle Seetà e il monte Alequà. Ne tornò sconfortato: le nostre posizioni avanzate avevano ispirato timore agli abissini che scortavano i nostri prigionieri, volevano che la conca e il ciglione di fronte fossero sgombrati dalle nostre truppe, cioè dall'intera prima divisione. Il governatore, per non ritardare più oltre la liberazione dei nostri prigionieri accondiscende di cattivo umore ad arretrare le linee avanzate. Tutto si rimette al domani; il governatore prima del meriggio se ne parte contrariato per Cherseber, e dopo un'ora il campo di Legat attiguo al delizioso boschetto di Abba Matà e al ciglione di Zebra-Zafran vien tolto: la divisione Del Mayno si allontana in due colonne, lente, verso oriente di Cherseber.

Intorno al burrone di Adi Grotò sono alcuni ascari di Macallè, il maggior Salsa e la sua scorta. L'accampamento dei prigionieri è al di là del colle di Seetà e non si vede, non lo vide nemmeno Bodrero dall'attendamento di Salsa. Non si sa ancora il numero dei nostri che ritornano....

Il forte è stato completamente vuotato. La batteria del capitano Casana, che era venuto a colmare i vuoti dei pezzi intempestivamente distrutti, ne è uscita. La sera nel forte i soldati avevano vuotato le cartucce e gettate le polveri nell'acqua, colmati i fossi, rovinandovi sopra i parapetti di difesa, che v'erano stati costruiti durante l'assedio. Negli ultimi giorni, le carovane hanno lavorato incessantemente a trasportare al campo vettovaglie e tutto il materiale. Non restano che gli spalti e le edicole interne. In una baracca sono riunite balle di vestiario e scarpe destinate ai prigionieri che arriveranno. Vicino al corpo di guardia, nell'antico locale dell'infermeria, stanno riuniti i quattro prigionieri che verranno consegnati ai sottocapi di Mangascià. Essi sono: Cagnasmacc Ailù Mariam, Ligg Bissarat Mongostù, Memer Aneinà e Lichè Uold Jesus. – Il primo fu fatto prigioniero a Debra Ailat, il secondo è uno spione, e pel terzo e pel quarto.... circola una voce curiosa. Dicesi che quando fu rimproverato a Mangascià di aver trattenuto un parlamentario nella persona del Salsa, egli avrebbe risposto che l'esempio l'avevamo dato noi imprigionando e mandando all'isola di Nocra il *memer* e il *lichè*. Essi erano stati mandati da lui ad Arimondi ai tempi di Macallè per trattare la pace!

Il valoroso generale è morto, pur troppo, ed è facile ai maligni incolpare chi non può discolparsi; ma taluno afferma che infatti Airmondi, seccato dall'andirivieni di messi sconclusionati, che avevano tutta l'apparenza di spie, si sbarazzò di questi due preti importuni mandandoli all'arcipelago dei Dhalak.

Nel forte restano anche stanotte le quattro compagnie del maggio-

re Prestinari e l'ufficialità al completo. Vi sono ordini severissimi perchè nessuno attraversi la conca di Adigrat: potrebbe ciò dare pretesto
ai nemici diffidenti. Parte della divisione e la batteria Casana, frazionata in due sezioni, è disposta in posizione difensiva per parare ad
ogni eventualità; questa disposizione parve offensiva. La possibilità di
vedersi bloccati nel forte dopo resi i prigionieri, li preoccupò e vollero per questo allontanate le truppe nostre pel raggio di 7 chilometri,
fino a Cherseber. D'altra parte le nostre truppe, batterie e salmerie
comprese, restano sotto le armi, co' pezzi in batteria e i muli insella-
ti; non si sa mai che cosa vi possa essere dietro il Seetà.

XI

RITIRATA!

Adigrat è già lontano: fra noi e il forte restano Cherseber, Focadà, Mai-Maret. Vengono con noi i prigionieri di Mangascià, attesi con ansia febbrile, che avevamo temuto venti volte di non riavere. Vengono cantando sotto il sole che sferza – sui muli e sugli asinelli gli ammalati – vestiti di nuovo dall'elmo alle scarpe, ufficiali e soldati, senza distinzioni: eguali nella larga tenuta di tela da coscritti.

I prigionieri in marcia a Mai Musreb.

Il generale Baldissera ora se li guarda sfilare compiacendosene; gli sono costati tanti pensieri fino all'ultimo momento della loro liberazione!

Infatti è mancato poco che non succedesse un parapiglia sanguinoso, lunedì mattina, al momento che dovevano esserci consegnati! Oh la fede abissina!

Secondo i patti, soltanto quaranta armati avrebbero dovuto accompagnare i prigionieri, invece cominciarono a spuntare densi gruppi di armati che si aprivano a ventaglio, da Maebà al piano, attorno al forte, dietro il paese di Adigrat.

Al maggiore Prestinari questa manovra non accomodò punto e ordinò a due compagnie dei suoi cacciatori di schierarsi ai parapetti, pronti a far fuoco.

Scaglioni in ritirata a Senafè.

Il provvedimento fu di un'efficacia immediata, poichè gli stormi neri al corruscare delle canne dei vetterli, addensantisi fra i sacchi-a-terra, sparirono come per incanto. Prestinari non era però troppo lieto di questo successo: se ne andavano! E se avessero portato via i prigionieri che aspettavamo?

Un cavaliere al galoppo s'avanza dal fondo del Seetà: è Bodrero che col braccio, da lontano, trincia scongiuri ed evita il fuoco. Con lui si avanza un capo, Bascià Euoldò, che deve prendere la consegna del forte; egli vuole che il battaglione evacui il forte, e Prestinari dal canto suo gli rimprovera l'avanzata minacciosa dei neri. Giuramenti e genuflessioni del capo negro, finchè il capitano Cicco di Cola, la sciabola sguainata, esce alla testa delle forze di Adigrat. Vi rimangono 40 cannonieri indigeni, 18 uomini di guardia, di scorta al maggiore, e il tenente del genio che deve fare la consegna.

L'uscita delle truppe avviene lentamente, colle prescritte misure di sicurezza. Al segnale indicante, pel tiro d'artiglieria, la distanza di 2600 metri, il battaglione si ferma e schierasi di fronte ad Adigrat. Un servizio di segnali ottici era stato concertato colle alture di Cherseber; nel forte un artigliere aveva pronti, al cavalletto, dei razzi segnali, presto a lanciarli al primo accenno di confusione attorno al maggiore e alla guardia.

Ma i nostri prigionieri avanzavano lentamente verso gli spalti, fiancheggiati da pochi neri armati. Quella folla dispersa nel grande piano pareva tutta d'indigeni. I nostri soldati avvolti in *fute* bisunte, laceri, scalzi, colle barbe incolte, coperto il capo di cose che non hanno forma, tanto da servire a ripararlo dal sole, procedono perplessi, vagando intorno collo sguardo, in cerca dei fratelli che devono accoglierli.

Scium Agamè Tesfai Antalo, che ha il comando della scorta e rappresenta Mangascià, li precede su di un bellissimo muletto bardato all'abissina con fiamme e istorie etiopiche. Il traditore degiacc Agos Tafari in gran cappello di feltro li segue, pur esso a cavallo. La colonna entra nel forte. Il maggior Prestinari, sulla porta, abbraccia gli ufficiali e stringe la mano ai soldati e li bacia. Tafari, per ultimo, porge la mano al maggiore, questi lo riconosce e ritrae la mano con ripugnanza. Il Degiacc a quell'atto, confuso e mortificato, si toglie il cappello; ripetendo l'atto rispettoso tutte le volte che il maggiore gli passa vicino.

Nel forte è pronta la mensa per gli ufficiale e il rancio pei soldati; nei locali delle infermerie preparati gli abiti e la biancheria per tutti i prigionieri.

Intanto i tigrini aprono le tende e si accampano a sinistra del forte dove s'erge un piccolo castello, ricovero di un antico sottocapo di Sebath. Quel castello era stato minato, e la mina era stata innescata con un apparecchio a percussione, per modo che ci avesse tentato aprirne la porta sarebbe saltato in aria. Ciò in previsione del caso che si fosse dovuto far saltare il forte di Adigrat colla casa di Sebath. Tutto era disposto nei più minuti particolari, perchè nulla rimanesse intatto; ma dopo i patti di scambio coi prigionieri erano stati tolti tutti gli apparecchi demolitori e annegate le polveri; anche pel paese di Adigrat e pel castello del sottocapo. Sotterra, in giro per l'accampamento dei Tigrini, gremito di mine, erano stati tagliati i fili.

Mangascià, nel timore che i suoi soldati mettessero a ruba il forte, aveva proibito, con un bando, di portar via ciò che vi si sarebbe ritrovato. Il suo luogotenente Scium Agamè vi aveva disposto una densa fila di sentinelle.

Ma all'uscire del maggior Prestinari, del maggior Salsa, che avevano seguito di poco Bodrero, e della colonna dei prigionieri, una turba folle di neri ruppe le linee delle sentinelle e diede la scalata al forte. Prima preda quella dei sacchi-a-terra degli spalti, che credevano contenessero farina! Coperte stracciate, scarpe rotte, scatole vuote, cerchi

Ritorno dei prigionieri, da Adigrat a Cherseber.

di botte, tutto era ghermito da quella gente che nella rapina perdeva il lume degli occhi. Tafari distribuiva curbasciate per impedire il saccheggio, e avrebbe ordinato il fuoco contro i predatori, se Prestinari, prevedendo il caso, non si fosse opposto al menomo sparo.

– Vedi, – gli fece dire dall'interprete, – se si risentisse una sola fucilata, accorrerebbe in massa tutto il corpo d'esercito, e allora guai per tutti!

I soldati di Agos lasciarono i fucili e cominciarono a respingere i razziatori a sassate.

Ciò durò fino a sera; ma i contadini dei villaggi vicini credendo di trovare chi sa che tesori nel forte, si addensavano sempre più numerosi. I soldati di Tafari cominciarono allora senza ritegno a sparar fucilate.

Il colonnello Nava arrivò tardi vicino al forte, al crepuscolo della sera, quando i nostri soldati erano già a Cherseber. Egli stava calzando un paio di stivali, quando intese le prime scariche, seguite da altre più numerose sempre più insistenti; credette prudente di affrettarsi verso il quartier generale. Fuori, Agos Tafari in persona, a cavallo, sparava contro i razziatori.

Quando i prigionieri usciti dal forte si videro fra i soldati del batta-

Ritorno dei prigionieri, da Adigrat a Cherseber.

glione cacciatori, proruppero in lunghi evviva all'Italia. Alle quindici e un quarto la lunga colonna, coi cacciatori alla testa, s'incamminò per la strada di Cherseber rasentando il monte Uorocot, l'estrema pendice settentrionale dell'Alequà, da dove il giorno 4 erano fioccate le fucilate contro i primi che si avviarono al forte.

Tutti i feriti erano montati sopra i muletti, taluni sofferenti ancora per ferite non rimarginate, a cui il dondolamento delle cavalcature riusciva molesto. Gli ufficiali, cioè il capitano medico D'Albenzio, che montava una muletta regalatagli da Mangascià, il tenente medico Cottafava e il tenente Vece, vestiti da coscritti, senza alcun distintivo, precedevano la colonna dei prigionieri. Il maggiore Salsa aveva preceduto di un'ora la colonna, di cattivissimo umore.

Il maggior generale Lamberti.

Attorno al maggior Prestinari cavalcava un piccolo stato maggiore nero: tre prigionieri indigeni rilasciati da Mangascià, l'interprete del maggiore Toselli, Negussiè, cagnasmacc Micael, che comandò una centuria ad Amba Alagi e che si era battuto valorosamente, e Belata Bairù, promosso ora *scelecca* dal generale Baldissera.

– E come siete stati trattati, giovanotti?

– Oh benissimo! Vedeteli i trattamenti! – e ci mostravano i segni delle legnate sulle braccia e sulle spalle!

I tre fedeli indigeni avevano ai polsi il segno delle catene. Per sfamarsi ricevevano qualche pugno di ceci o *engerà* colla muffa, quando qualche donna pietosa se ne ricordava. Erano fatti marciare notte e giorno, per chilometri e chilometri senza nutrimento!

Al tenente Vece, che era in consegna del garasmacc Tellai, fu d'un tratto cambiato il trattamento. Tellai venne a fargli tanti complimenti e salamelecchi.

– Che vuoi, Tellai, mi porti finalmente alla morte? – gli chiede il povero tenente col fiele sulle labbra; il garasmacc gli aveva fatto menare una vita da cane.

– No, tenente, tutt'altro; tu sai se ti ho voluto sempre bene e se ti ho trattato da cristiano! Puoi far testimonianza se ho trattato bene anche tutti i tuoi fratelli.

Vece capì che c'era qualcosa di nuovo in quel cambiamento repentino. Nei tre giorni che lo fecero marciare avea seguitato ad almanaccare: non gli si era fatto trapelar nulla della liberazione. Alla fine si dive portato davanti all'attendamento di Seertà fra il gruppo degli altri prigionieri. Dal colle vide sventolare la bandiera d'Italia, e non potè vincere le lacrime!

Era riuscito nei suoi intenti il generale Baldissera. Col suo grande ascendente, sostando ancora quindici giorni a Cherseber, aveva ottenuto la liberazione dei prigionieri del Tigrè.

Le abili mosse del nostro corpo d'operazione, combinate con quella della colonna al comando del colonnello Paganini che operò su Adua, avevano conseguito un fine identico a quello che si consegue in seguito a una battaglia decisiva, fortunata.

Il nemico era disorientato, le sue forze divise, *erranti* in varie direzioni opposte, come se avesse subìto una disfatta.

Ogni nostra mossa in avanti era stata seguita da un arretramento dei nuclei tigrini, come in fuga, su tutti i punti: da Adigrat ad Adua. Le nostre forze invece intatte erano padrone dei punti strategici più importanti.

Di questi risultati che possono chiamarsi vittorie non approfittiamo, ma modestamente ci ritiriamo in silenzio.

Perchè, dice il governatore, ora conviene agire dalla parte di Zeila; di qua non c'è più nulla da fare. Per trattare, mandare e ricevere corrieri dallo Scioa, ci vogliono mesi.

Corrieri nostri? Avrebbe pensato Mangascià a mandar corriere suoi, davanti alla minaccia di vedere tornear le vampe dell'Agamè in fiamme.

Ma a Menelink di ciò nulla importa, si dice.

– Nemmeno di Adua e di Axu,? O che venendo dal lontanissimo Scioa non s'era scomodato per le due città sante, il Negus Neghesti?

– Non gl'importava un fico secco delle due città, lo aveva fatto per affermare ai suoi ras la sua potenza e per stabilire il suo prestigio.

E non valeva ora la pena di ristabilire il nostro d'un prestigio? Chi ci avrebbe impedito di portarci con una divisione ad Adua, passando pel Rajo e pel Samaiata, dando sepoltura ai nostri morti coll'onore delle armi?

I cento quaranta milioni del prestito coperto venti volte in Italia, le nuove derrate coi millecinquecento cammelli arrivati a Massaua,[1] le provviste intatte di Adi Ugri,[2] i magazzini di Asmara riboccanti, le vettovaglie ritirate da Adigrat,[3] l'assetto esemplare dato ai servizii a Massaua dal vicegovernatore generale Lamberti, ci avrebbero potuto permettere il lusso di concedere una piccola soddisfazione ai nostri ventiseimila soldati, all'Esercito, il cui entusiasmo e la cui fulgente abnegazione meritavano di veder rialzato il suo prestigio in Etiopia. Le cose sarebbero apparse sotto un nuovo aspetto, sempre a tutto nostro vantaggio morale.

L'esercito scioano si ritirava esausto, fra la ribellione delle tribù galla. Forse, chissà! avremmo potuto arrestare la marcia dolorosa dei nostri soldati, prigionieri dei selvaggi Amarà, che andavano seminando la strada di cadaveri!

Lasciamo anche i nostri prigionieri del Lasta perchè troppo lontani[4] e il colonnello Paganini è già rientrato all'Asmara; ma portiamo con noi, ripiegata e chiusa in una cassetta di larice, la bandiera di Adigrat.

Quella bandiera era stata abbassata il mattino del 18 alle nove e tre quarti.

La quinta compagnia dei cacciatori, i novantuno cannonieri italiani e i cinquanta indigeni; i cinquanta uomini della sezione del genio e tutti gli ufficiali schierati di fronte al ridotto alto, sulla casa di Sebath, sotto gli ordini del capitano Cicco di Cola, aspettarono che il maggiore Prestinari salisse sull'osservatorio dove sventolava il vessillo d'Italia.

Il maggiore comparve nella sua tenuta fulva, coll'occhio acceso e la spada insanguinata. Fece dall'alto il segno dei bersaglieri col fischietto, la tromba suonò il *presentat-arm!*

---

[1] *Guerra d'Africa*, relaz. cit., pag. 26.

[2] *Guerra d'Africa*, alleg. n. 7.

[3] Fu regalato qualche sacco di farina superfluo alla nuova guarnigione nera di Adigrat agli ordini di Tesfai Antalo

[4] Il tenente Mulazzani colle sole bande dei Saraè, 700 fucili, andò poi nel luglio a *reclamare* nel Lasta i prigionieri e a portarseli via.

Silenzio! Tutti gli occhi al tricolore! Prestinari, la spada in alto, lo piega lentamente e lo rinchiude, scoprendosi, nel cofano preparato dagli uffiziali del presidio di Adigrat. Il tenente Cisterni e un caporale lo portano al capitano Cicco di Cola in presenza delle truppe silenziose.

Il cofano colla bandiera posato sul dorso di un piccolo cammello, nato in Adigrat durante l'assedio, viene con noi, ci segue nella ritirata!

Adigrat abbandonata.

XII

VERSO IL CAMPO DELLA MORTE

I nostri morti giacevano ancora insepolti sul triste campo dove s'era combattuta la battaglia del 1.° marzo. Il generale Baldissera aveva scritto a ras Mangascià subito dopo il suo arrivo all'Asmara per poter compiere l'opera pietosa del seppellimento; ne riscrisse appena con-

Amba Adana a Senafè.

seguita la liberazione del presidio di Adigrat. Mangascià, ch'era divenuto tanto condiscendente, aderì premuroso.

Il governatore aveva indicato nella lettera al ras tigrino il numero di ufficiali e dei soldati che avrebbero dovuto formare la colonna. Non potè quindi secondare il desiderio di molti ufficiali che avevano già combattuto ad Adua, e che desideravano ritornare sul campo di battaglia per rintracciare compagni o superiori, o per studiarne con agio le rapide disastrose vicende.

Era venuto a raggiungerci improvvisamente, al campo di Senafè, Asselafi Ailù inviato da Mangascià, con una scorta di soldati tigrini, per accompagnare la colonna italiana fra le ambe di Adua.

Seppi, al tramonto, la notizia della partenza quasi immediata della colonna, e corsi alle falde dell'amba Adana dove era la tenda del governatore. Impassibile, il generale riceveva le sollecitazioni del colonnello inglese, Slade, che voleva essere autorizzato a visitare il campo di Abba Carima colla colonna del genio. Slade, vedendomi, scrollò da lungi la testa come a dire: È inutile, non tenti nemmeno, non manda nessuno!

– Non ho dato facoltà ad alcun pubblicista di seguire la colonna, – mi prevenne Baldissera indovinando lo scopo della mia visita. – Veda, non voglio destar sospetti: ne ho avuto di già una incresciosa esperienza ad Adigrat, non voglio compromettere la spedizione che va così lontana dal corpo di spedizione. Non posso fare eccezioni per lei, ne sono dolentissimo.

Questo rifiuto così reciso, a bruciapelo, senza ch'io avessi avuto il tempo di formulare una domanda, mi sconcertò.

Avevo approntato tutto un materiale per mettermi in condizione di procurarmi il maggior numero possibile di documenti grafici che avrebbero potuto far luce sulle vicende ancor confuse della sfortunata giornata. M'ero provvisto di indicazioni, di schizzi, di tutte quelle relazioni fin allora pubblicate sui giornali che aveano potuto pervenirci nella nostra marcia. Avevo pensato a provvedermi di tutto quanto avrebbe potuto procurarmi un corredo d'immagini inoppugnabili, indubbiamente interessante.

Improvvisai una difesa. Più che l'efficacia dei miei argomenti, trospariva da essa l'amarezza e il timore di sentirmi riconfermato il diniego; sapevo Baldissera irremovibile nelle sue determinazioni.

– Non si opponga, Eccellenza! – finii esclamando con espressione desolata.

Il governatore sorrise, poi mi mostrò in alto la bella *Croce del Sud* che splendeva nelle sue quattro azzurrine.

— Vede che splendida sera?... Essa c'invita al placido riposo!

Era un congedo perfetto; me ne partii verso la mia tenda sconfortato e contrariato.

Il tenente colonnello Arimondi.

Nella notte ruminavo un altro panegirico per la mattina. Sicuro di trovare il governatore già levato col sole, tornai alla sua tenda; mi venne incontro:

– Vada a mettersi un paio di stelle al colletto e un fregio del genio sull'elmo; tolgo un soldato zappatore; sarà una gravina di meno. Ma badi che lo mando come artista e non come giornalista! Si metterà agli ordini del colonnello Arimondi che comanderà la spedizione.

Credo di essere andato via senza nemmeno ringraziare, tanta era la fretta colla quale tornai sui miei passi per preparare la partenza.

Partii dal campo di Senafè alle 16 del 26 maggio col capitano Carlo Bonelli e la sua compagnia del genio per Barachit, rifacendo la strada battuta dal corpo di operazione, tanto nell'avanzata quanto al ritorno da Adigrat.

Presso il gran piano di Effesì, dove accampava ancora la divisione Del Mayno, Bonelli colla sua compagnia vi si diresse per riunirsi al comandante la colonna che si formava, tenente colonnello Francesco Arimondi, capo di stato maggiore della prima divisione.

Il capitano Bonelli.

Procedetti per Barachit letiziato da un effetto di tramonto a stracciature capricciose e incantevoli. Suscitavo la curiosità di qualche gruppo di ufficiali con cui m'imbattevo sulla larga strada. Chi voleva

essere questa strana specie di militare del genio a cavallo senza sciabola e senza alcun distintivo del grado? Questi incontri non mi diverti-
vano. L'asciutto mio "buona sera" era troppo sconveniente per un soldato e poco espansivo per un collega. Ma in Africa si è abituati alle
stranezze e alle sorprese.

A Barachit, nel gran campo di Adetal, c'erano le corse. Una riunione sportiva *sui generis*; assai più bella di quella dei soliti *turfs* d'Italia:
le corse a piedi, fatte dagli ascari di Stevani. Tutti quegli indigeni dal
fez rosso, a grossi aggruppamenti, accompagnavano i corridori saltando sul posto, battendo le mani, cantando a ritmo; il gruppo brillante, numeroso, degli ufficiali elevavasi sul poggio, dietro a cui il sole
guizzava i suoi ultimi raggi, e allungava e confondeva tutte quelle
migliaia d'ombre ondulanti e striscianti, come serpi d'indaco, sul
verde del gran prato: uno spettacolo caratteristico, gaio, immensa-
mente pittorico.

Di ascari ve n'erano quattro o cinque battaglioni.

Il colonnello Stevani era stato mandato a Barachit coi suoi indigeni per proteggere la lenta ritirata del corpo d'operazione e per vigilare da quella parte sulle vicende della nostra colonna che si avviava fra
le ambe di Adua. A comandare quei battaglioni vidi Prestinari,
Ameglio, Cisterni, Idalgo. V'era col suo battaglione di bersaglieri il
maggiore Siotto Pintor e colla sua batteria d'indigeni il capitano
Costantino.

Era pure arrivata fin dal mattino una delle due compagnie del
genio che doveva venire ad Abba Carima, col suo comandante
Giuseppe Montanari.

A sera fatta arrivarono il comandante della nostra colonna colonnello Arimondi, il capitano Annibale Angherà, del quartier generale,
il capitano Bonelli colla sua compagnia e la colonna delle salmerie.

La scelta di Arimondi a comandante la spedizione non poteva essere più felice ed opportuna. Per lui al pietoso dovere era sposato l'affetto pel congiunto: egli sperava rintracciare la salma del suo povero
fratello generale, caduto sul Rajo. Arimondi nel suo dolore rispec-
chiava in quella sera la fisonomia austera e grave che la mesta spedizione ordinandosi assumeva.

Erano apparsi alla radunata serale i due cappuccini preposti agli
uffici religiosi: padre Vincenzo da Monteleone Sabina, e padre
Lorenzo da Collepardo; poi il medico dott. Basile e il farmacista
signor Martini.

Prima del silenzio il colonnello Arimondi chiamò i due capitani e li pregò di riunire le loro compagnie, per dirigere ai soldati qualche parola di avvertimento e di consiglio circa la missione che andavano a compiere.

– Raccomandino ai soldati – disse, – di astenersi della minima provocazione. Siino forti nel lavoro improbo e disgustoso che dovranno disimpegnare, ognuno d'essi può avere un fratello fra i caduti; ricordino loro che la Patria lontana li guarda e che le madri italiane li benediranno.

Mai Musreb e profilo orientale del Dongollo.

Bonelli disse fra l'altro: "Figliuoli, ricordatevi che andiamo in territorio nemico e che questo nemico ci sta usando, rispetto ai suoi costumi, una deferenza: ci lascia seppellire i nostri poveri morti.

Siamo accompagnati da soldati tigrini, e andiamo in territorio tigrino, fra nemici, che forse combatterono laggiù contro di noi; ma essi professano ora un grande rispetto pei nostri fratelli che videro cadere combattendo valorosamente.

Il nostro contegno non può essere quindi umile, e d'altra parte, non dovrà nemmeno parere spavaldo; le conseguenze potrebbero essere disastrose per noi, tanto moralmente che materialmente. Siate dunque all'altezza dell'opera pietosa e altamente civile che andate a compiere".

Il colonnello Arimondi da vero militare ama la precisione nell'orario. Prima dell'alba l'accampamento è disfatto e la carovana pronta. La lunga colonna muove per Guna Guna, alla stretta, dove l'acqua scorre limpida dalle sorgenti nascoste nella rupe; sale sul piano di Gullubà, coi primi raggi del sole che dal fondo della valle del Muna svettano la tenue nebbia vagante nella pianura. Il paese è deserto; sotto quel cielo limpido contrastano i tristi arnesi che i soldati del genio portano a spalla. Precedono i buoi e la colonna degli asinelli che caricano la farina. Segue la scorta nera, attorniante Asselafi Ailù che cavalca una muletta grigia. A distanza Arimondi e Angherà; gli ufficiali

Il capitano Angherà.

avvolti nei mantelli ai loro posti nelle compagnie. Chiudono la colonna i due cappuccini a cavallo, col cappello bianco a fungo. Chi l'avesse incontrata, avrebbe subito compreso dove si dirigeva, che cosa andava a a fare quella strana processione. I primi chilometri di marcia fra le basse agavi e le fitte mimose ad ombrello che stendevano lunghe ombre sulla terra umidiccia per la guazza della notte, furono percorsi nel più religioso silenzio.

Quante guerre, quante stragi erano passate per quelle contrade! Quelle plaghe fatte deserte dallo spavento delle battaglie e delle rapine, ci avevano visto tornare indietro come scornati, impotenti a farvi regnare il lavoro e la civiltà! Discendiamo fra i radi avanzi dei villaggi incendiati. Dove furono i campi dei nostri soldati, sbucano grup-

Gabrè Sghear.

pi sordidi di cenciosi che razzolano fra le sudicerie dei bivacchi. Ci dirigiamo verso le acque di Mai Musreb sotto il Dongollo: un campo vasto e irrigato. L'erba v'è alta e folta; presso ai tugurii cadenti e fuligginosi di Adi Tocanà formicolano sciami di donne per ripararvi i tetti bruciacchiati. Dapprima paurose si celano, poi guatano, e comprendendo forse, salgono sui tetti e intonano l'*elelta*, quel trillo gutturale, acuto, che vorrebbe essere un evviva e che pare un malaugurio.

Il primo *alt* si fa sotto un gruppo di alberi che chiamerei di tigli per la fragranza che emanano i fiorellini delicatamente gialli di cui sono coperti. L'interprete li chiama *cot*. Fra quelle ombrie veramente deliziose il tenente Rescaldani, a cui è affidata la direzione della mensa, ci fa preparare la colazione, fra le casse e i barili scaricati dai muli e dagli asini.

Per il gran prato pantanoso pascolano e saltano i nostri muletti; sotto al verde padiglione di quegli alberi a propaggine dove posiamo, la terra è nera e soffice; terra fatta di detriti calcarei, l'*humus* vergine, dove un indigeno affonda fino al braccio la sua lancia.

Là sotto, mentre la scorta fa la *borgutta*, gli ufficiali si affiatano, si dividono i servizi, si affratellano e scambiansi rallegramenti reciproci pel compito che sono chiamati a disimpegnare. – Come sarà mai questo doloroso campo di battaglia? Quando vi arriveremo? Avremo il tempo sufficiente di compire per intero l'opera nostra? Bisogna frugare in alto; l'istinto dei feriti gravi è quello di sottrarsi a nuove offese. – Il capitano Angherà descrive il terreno, ma le fantasie galoppano in cento strane congetture. Si vorrebbe essere già sul posto. Ma prima di arrivare al Gandapta bisogna far quattro marcie: avremo pur troppo del lavoro anche in marcia; quando, dove troveremo il primo cadavere?

Angherà propone una abbreviazione di strada per evitare un lungo giro, scendendo fra le ambe di Debra-Damo per il burrone di Mai-Maret, e le grotte di Adi Guden, dove s'erano scoperti i carichi delle nostre salmerie saccheggiate, dove si erano arrampicati gli scampati della colonna Da Bormida.

Il nostro interprete, il bruno Gabrè Sghear, sa tutto, conosce i luoghi ed approva il consiglio del capitano Angherà.

Gabrè Sghear! È un tesoro per noi, questo bel giovanotto di poco più di venti anni, sempre gaio, intelligente, pronto e fedele. Fu l'interprete del povero tenente Sanguinetti e volle dividere con lui la prigionia quando venne catturato da Bata Agos; al suo tenente procurò la fuga con finezza da diplomatico e con affetto di fratello. Gabrè Sghear, come già a Coatit, aveva combattuto ad Adua.

Aveva accompagnato il maggiore Salsa sul campo scioano ed aveva aiutato e soccorso i nostri feriti e i prigionieri. Gabrè sa molte cose e parla dell'Italia come se vi fosse stato; ride fino a smascellarsi dell'ignoranza de' suoi compatrioti, ne critica i costumi e dà a qualcuno di loro dell' "animale", però se si tratta di partecipare a qualche festino indigeno dove collo *scirò* abbondano il *suà* ed il *tecc* egli pianta la più lauta mensa nostrana. Dice di rendersi conto di tutte le invenzioni dei bianchi, ed è ammirato dei proiettori elettrici che ha visto raggiare sulle nostre navi a Massaua. Ma al gas non crede, non gliene parlate, crede lo si canzoni: come mai il fumo si può far passare sotterra, e poi accendersi?... Al circolo degli ufficiali, guardando i fanali disegnati, diceva che l'olio si versava nel cupolino. Nello stesso tempo

Debra Damo dal ciglione di Mai Maret.

poi erano per lui soggetto di critica severa molti disegni africani. Vedendomi, e sapendo chi ero, mi disse:

– Ora tu che li hai visti, non farai più gli abissini colla testa di arabi!

Sotto al boschetto di.... tigli, quella mattina sfogava la sua loquacità alternando al racconto degli eventi della giornata di Adua gli episodi pietosi dei nostri prigionieri in marcia per lo Scioa.

– Ne troveremo forse anche noi nell'Entisciò, nel Tigrè. Nella chiesa di Axum, vedano, è riparato un ufficiale; e chi si mette a riparo nella casa di Dio è salvo. L'ufficiale ogni giorno per aver da mangiare fa un buono di un tallero, in un pezzo di carta, che gli indigeni accettano in pagamento dei cibi che gli portano.[1] Andranno poi a farsi pagare all'Asmara.

I pochi indigeni che passano, che vediamo padroni in casa loro, ci guardano sospettosi, ma il bianco impone loro rispetto, sempre, e s'inchinano: Salam! In ogni modo la nostra scorta armata è sparuta, i nostri 248 soldati, eccetto una dozzina, sono tutti disarmati e nei *revolvers* degli ufficiali c'è poco da contare.[2] Avevamo con noi una cassetta con qualche migliaio di talleri. Asselafi Ailù ci dice che una scorta numerosa ci verrà incontro a Debra-Damo.

Il primo corriere col rapporto della prima marcia fu mandato a Barachit. Il comandante la colonna è tenuto a corrispondere giornalmente col colonnello Stevani per mezzo di speciali corrieri inviando i suoi rapporti giornalieri sulle operazioni compiute.

Si riparte alle 14, dopo aver passato in riposo le ore più calde del giorno. Il caricamento dei muli è fatto con sollecitudine. La colonna si muove lentamente radendo le falde del Dongollo. Una lunga sfilata di indigeni, una specie di processione, a piedi e a cavallo, con preti e ombrelli, viene verso noi dalla strada di Focadà: è un funerale. Dietro al funerale, una carovana di mercanti che portano a vendere le loro mercanzie nell'Eritrea. Si staccano da quella folla due contadini.

---

[1] Ad Axum c'era il tenente Lori su cui gli indigeni crearono mille fantasticherie, e a cui andarono a raccontare che nella colonna che seppelliva i morti c'era un bianco che disegnava i luoghi della battaglia.

[2] La colonna era così composta: tenente colonnello di stato maggiore Arimondi cav. Francesco, comandante la colonna; capitani Angherà cav. Annibale, addetto al comando; Montanari cav. Giuseppe; Bonelli cav. Carlo; tenenti Rescaldani Elia, Ricci Carlo, Guarini Saverio, Zicavo Ferruccio, Abate-Daga Angelo; sottotenente medico Basile dott. Andrea; farmacista militare Martini Giovanni; padre Vincenzo da Monteleone Sabina, padre Lorenzo da Collepardo, cappuccini; l'interprete Gabrè Sghear, ed Edoardo Ximenes dell'*Illustrazione Italiana*. La forza della truppa ammontava a 240 uomini fra lavoratori e conducenti.

Vengono ad offrirci in vendita due vitelli che spingono avanti; ma di buoi e di vitelli ne abbiamo d'avanzo e non accettiamo l'offerta. La colonna passa per il sentiero di Mai Maret verso ponente al margine del ciglione. Di quassù in giro, per gli orli di questo bastione selvaggio spararono a picco sui nostri soldati i contadini ribelli dell'Agamè. Sprofonda in basso la gran valle da cui s'innalza l'amba di Debra-

Ciglione di Mai Maret.

Damo, fra un fitto di montagne rase presso alla cima, come se una pialla immane fosse passata a regolare il livello di tutte.

Fu iniziata pian piano la discesa nella valle. Cominciata agevole, si fece poscia difficile: le roccie del muraglione asserragliavano sempre più il sentiero, finchè si mutarono in contorti e spaventosi gradini.

La lunga colonna che sfilava per uno non poteva ritornare sui suoi passi; i muli, le povere bestie ansavano, sbuffavano, col carico gravante sul collo; i conducenti sforzavansi a reggerli per la coda, scivolando su quei massi bruniti e spaccati dal sole.

Là sotto fra carcami di muli e sotto il torneare di cento uccellacci da carogne, là sotto cominciammo a trovare tracce della dispersione e della rovina di tre mesi prima!

Sono basti e cassette sventrate, registri e lettere a brandelli, scarpe e pezzuole insanguinate. Per questa scala dell'inferno tracciata nei dirupi della trista muraglia di Mai Maret, tormentata dal piombo traditore, s'era aggrappata la disperata colonna degli scampati della brigata Dabormida,[3] esausti dalle marcie, dal combattimento, dalla mancanza di cibo. Avevano sperato di guadagnarne la sommità e porsi in salvo.

Pochi giorni prima eran passate di là le truppe di Stevani e di Brusati e avevano dato pietosa sepoltura ai corpi dispersi dei caduti. Pure tutti frugavano attorno collo sguardo. I soldati ammutoliti chinavansi raccogliendo e custodendo nel seno lettere e carte sparse fra le balze.

La colonna marciava in religioso silenzio, silenzio solo interrotto dallo scrollare dei carichi e dalle incitazioni dei conduttori indigeni: *Matc!*

Dopo due ore di marcia la strada cominciò a migliorare; tutto attorno rinverdiva, e il sole declinava. Eravamo quasi al piano, vicino a un torrente, segnato sulle carte, ma senza nome: un affluente del Gabettà parallelo al sentiero dei Debra-Damo che ci torreggia davanti: la colonna cominciava appena a riordinarsi e a procedere unita.

– Un morto!

Tutti ci arrestammo, poi discendemmo verso il luogo da cui era venuta la voce. I soldati, silenziosi, chini, come a interrogare quell'avanzo mummificato ferito al petto, abbandonato fra l'erbaccia e che avrebbe potuto essere identificato da chi lo avesse conosciuto in vita.

– Via, figliuoli, al lavoro! – grida Montanari.

E in un batter d'occhio, gravine e badili aprono una fossa. Quel povero frale attorno a cui nulla parlava della sua infelice esistenza, vien ricoperto in un momento di terra e di sassi. È sepolto. Sui massi i soldati piantano una croce sorta d'incanto fra i sospiri e nel silenzio.

"*Deus cujus miseration animai requiescunt, hunc tumulum benedicere dignare, eique Angelum tuum sanctum deputa custodem: et quorum corpora hic sepeliuntur, animas corum ab omnibus absolve vinculis delictorum, ut in te semper cum Sanctis tuis sine fine loetentur*"; mormorò, mettendosi la stola e assolvendo, uno dei cappuccini. I soldati si scoprono e piangono.

È il primo cadavere: oggi la pietosa funzione è inaugurata!

---

[3] Vi si rinvennero molti fogli di libro d'ordine, colla firma del colonnello Airaghi.

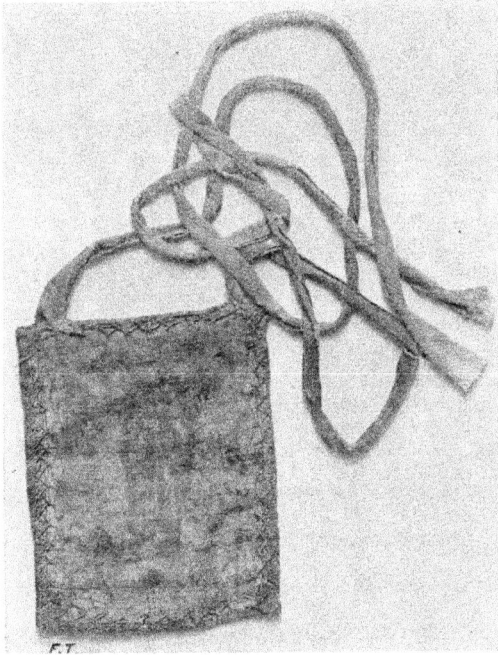

XIII

NELL'ENTISCIÒ

Quella prima marcia era stata piuttosto breve, ma faticosa. Arriviamo alle 19 all'acqua di Mai Memen in cerca di un posto per l'accampamento. Come avverte Muzingen, bisogna cercare le plaghe ospitali fuori delle direttrici che battono comunemente i viaggiatori europei, seguendo le indicazioni delle carte; lasciando appunto queste strade,

internandosi nella valli adiacenti, si rinvengono conche e vallate solitarie, nascoste, ricche d'acqua e di vegetazione.

Volgendo a sinistra della strada di Debra-Damo, internandoci in una gola profonda sotto alla costa rossastra di erto e prolungato dirupo, trovammo una lunga vena d'acqua turchiniccia fra un tappeto di mentacce a larghe foglie, il cui profumo impregnava la strettissima gola. Affondando a mezzo gli stinchi, passiamo sulla riva sinistra di quel cupo rigagnolo, dove un garbuglio profondo di grossi alberi e liane ci offre un asilo appartato per quella notte. Là sotto, aperte le tende, nel cadere rapido della sera, ci chiuse in breve un buio da spelonca. I soldati atterrarono dei grossi tronchi e vi appiccarono il fuoco. I tigrini accamparono più al fondo e accesero essi pure dei grandi falò. Le fiamme sfavillanti salivano altissime, riflettendosi in mille contorsioni sanguigne nella larga pozzanghera; tremavano di rosso gli sciamma e le tende, danzavano ombre macabre tra il gridìo e la corsa degli asinai che arrivavano trottando in ritardo. Si erano perduti sei soldati coi muli e col carico! Il capitano Montanari rimonta a cavallo e vola in cerca dei dispersi seguito da pedoni indigeni che accendono nelle vampe delle torcie a vento. Quel gruppo, rimpicciolendo rapido nella strettissima gola, segnava una striscia ignea, a guisa di razzi guizzanti nelle tenebre. Ci arriva l'eco dell'urlìo degli indigeni che chiamano i perduti: *Agnaccà, agnaccà, agnaccà! Uuuh!!*

Una visione torbidamente fantastica: col tumultuare delle prime emozioni e i rintocchi delle palate recenti, picchiava nell'anima e ci tormentava il triste prologo d'una penosa elegìa.

All'alba il capo della scorta, Asselafi Ailiù, si allontana, dirigendosi verso Debra-Damo per avvertire quel priore del nostro passaggio. I sei soldati erano stati ritrovati, avevano perdute le traccie della colonna e s'erano fermati aspettando coi muli e col carico.

I soldati della scorta indigena ci passavano avanti per precederci, erano tutti armati di vetterli italiani. Il nostro dottore, forse perchè non aveva ammalati da curare, segnava nel suo *carnet* la matricola di quelle armi! Là vicino, vennero ad avvertirci, pascolava un *fermo*. Così chiamano gl'indigeni i muli italiani, perchè hanno sentito i nostri soldati, nell'ora del governo, gridare alle bestie: fermo! Quel povero *fermo* vagava da tre mesi in quelle gole: era un mulo scampato al piombo e alla rapida degli Scioani. I soldati gli fecero gran festa; ma non si poteva portar via con noi: era preda bellica dei paesani di Mai Memen, bisognava esser prudenti.

– Addio *fermo, ciao fermo!* andavano gridando i nostri soldati, sfilando davanti alla povera bestia macilente, colla matricola italiana all'unghia, l'occhio spento, e una boccata d'erba secca che pareva non volesse più inghiottire.

Usciamo da quella gola aggranchiti dal freddo e dal mal dormire. Vediamo, passando, che se un pugno di malevoli ci avesse voluto, nella notte, sacrificare, avrebbe agevolmente potuto farlo dall'alto di quelle balze che ci stringevano in cerchio. Una montagna s'era spaccata, qua attorno, nei primissimi tempi, e le sue scheggie immani sono sparse e capovolte nella gola, colle giunture di stratificazione a perpendicolo. Rimontiamo per guadagnare la costa, rifacendo per un tratto la gola, fin che c'imbattiamo in un passo traditore dove conviene arrestarci. Un povero ciuco rotola giù col sacco di farina fino a cinquanta metri nel precipizio e si rialza incolume! A rendere agevole quel sentiero del diavolo, alcuni zappatori del genio rompono la roc-

Debra-Damo da Mai Gabettà.

cia a colpi di gravina; varchiamo l'angusto passo colle cavalcature alla mano, evitando a stento l'urto delle bestie che saltano dopo di noi. Malgrado che fossimo affidati alla scorta, ci accorgiamo di non battere più la strada percorsa dai nostri in ritirata. Gli indigeni amano le scorciatoie e con esse i precipizi.

Procedendo, col sole che comincia a dardeggiare, ascendiamo sempre, su larghi gironi a spirale, sull'orlo di sprofondamenti che tolgono il respiro. Si saliva verso Adi Menzareb addossata all'amba di Debra-Damo. Un paese dall'apparenza ricco per le ampie aie ancora piene degli avanzi delle spighe. Seduta sui muriccioli, la gente del paese ci guata come cani alla catena.

Ma che spettacolo grandioso quello delle enormi quinte di roccie che sprofondano a capofitto fra una rete di gole dove lo sguardo non penetra: picchi che ricordano le fantastiche trovate del Doré. Qual gloria di colori e di luce intorno ad essi; che delicate trasparenze di tinte! Nel lontano Entisciò, un profondo succedersi di azzurri cupi e di malachite, fra cui serpeggia a squamme lucenti il Gabettà.

Di quassù in questo quadro nuovissimo, nè latino, nè nordico, nè arabico, nè africano; fra armonie mai viste di linee e di sfumature, la mente corre alla narrazione evangelica della tentazione di Satana.

Ma con Satana disoccupato, lassù avranno fraternizzato i nativi: al brusco contatto della realtà, lasciando le visioni bibliche, questo ambiente da sogni, questa limpida e vergine manifestazione della Natura è lordata da chi vi nasce e ci vive. Sull'amba, dove parrebbe dovessero regnare gli angeli, si annidano i frati cofti, e vi accumulano sozzure: vivai di vibrioni ammantati di santità.

Quei santi sporgevansi lungo gli orli dell'amba, vedendoci passare. Noi guardiamo in alto, e la nostra piccola colonna si perde tra i gradini di quella gran base monumentale che regge masnade di lombrici.

Come è strano scendendo per una strada nuova a sghimbescio, sentirsi dire: questa fu fatta dal tenente Luccio del genio! Che c'entra qui attorno un nome, una cosa italiana? Poi si ricorda che di qui passarono le nostre salmerie nel febbraio; si ritorna alla storia si finisce di filosofare là, in mezzo ai cammelli e ai muli morti che ammorbano l'aria.

Fin qui era arrivato Stevani a seppellire. Il colonnello Arimondi ordina di aprire squadre a ventaglio, in avanti, per la grande parete del cono immane, fino al margine della valle.

Troviamo sempre i resti della distruzione: brandelli di giubbe e scarpe sdruscite, bossoli e pacchi di cartucce vuote. Un soldato di Alula ci addita i luoghi dove vide cadere i nostri. Lo guardiamo con ira.

– Ma dove sono i cadaveri? Parla!

– Li hanno gettati nei burroni, li hanno bruciati al vostro avanzarsi.

Qualche mucchio di ceneri umane ce lo conferma. I teschi bianchi erano rotolati lontani dalla brage. Che infamia!

E i contadini di Adi Menzareb, di lassù dalle loro aie, mentre le loro donne trillano l'*elelta*, ci guardano colle braccia a tergo, come a dirci da lontano: Oh avrete un bel cercare, voi!

Al margine del Gabettà, ci fermiamo. Asselafi Ailù ci ha raggiunto, e prende posto fra noi. Sorride a tutti, strana maschera di satiro che ricorda un grottesco del Buonarroti. Guata con occhi luccicanti il nostro vino e si attacca al bicchiere, agguantandolo a due mani. Asselafi Ailù è cerimoniere di Mangascià e a sua volta dispone di due cerimonieri che lo coprono, in segno di rispetto, mentre trinca religiosamente il *barlettone* offertogli.

Dopo la breve fermata seguiamo il letto del fiume, e dopo le ultime roccie, dove il piano si aggualia, troviamo tre resti umani. Sono bianchi, interamente denudati, un primo gruppo compassionevole, la cui vista addensa nel pensiero, sempre più viva, l'immagine della sciagura: vengono sepolti e benedetti. Di qua comincia a vedersi il Saurià e la catena delle ambe di Adua. Alle 15 arriviamo nel vasto piano di Mai Gabettà.

È questa la strada, dice Gabrè Sghear, dalla quale si ritirò Mangascià dopo che venne scacciato da Senafè. È il primo campo di Baratieri, dopo quello di Esciad, occupato il 3 di febbraio, dopo la discesa dell'Alequà.

I soldati del genio a gruppi si irradiano nel gran piano acquitrinoso, fra le acacie fiorite i cui fiorellini a fragola spargono un profumo acutissimo. Guardiamo nelle larghe buche, nei fossi; le *ghirbe* rigonfie dall'acqua attinta nel Gabettà, attaccate alle nostre selle, sudano sotto i raggi saettati dal sole.

Fra gli avvallamenti della triste brughiera si sperdono i gruppi dei nostri zappatori del genio, come inghiottiti in quella larga fauce verdastra, affogata nell'angoscia del silenzio.

Ma il silenzio è interrotto dal canto dell'uccello flauto, 'mbetlà, che ci arriva dalle lontane macchie di spini; il breve e lugubre canto che penetra nel cuore, turbandolo d'insopportabile malinconia:

Un altro cadavere in atteggiamento contorto in un fosso; povera salma a cui gli spogliatori di morti hanno concesse le mutande; ancora un altro, presso ad alcune case abbandonate.... e un altro ancora.[1]

---

[1] Non si poterono identificare; però nelle vicinanze si trovarono due libretti personali, uno del soldato Lussazzo Luigi del 36° reggimento fanteria, n.° 2631 di matricola, distretto di Bergamo; l'altro del soldato Sorzio Giacomo del reggimento artiglieria da montagna n.° 6740 di matricola, nativo di Boccialetto, Novara.

Accampiamo al tramonto, sotto il grande sicomoro, che domina il piano, stanchi e riarsi dal sole. Anche là sotto dei cadaveri!

La sera dal 1.° al 2 marzo, così narra la triste cronaca, la colonna delle salmerie che si ritirava da Entisciò era stata presso quel piano, assalita da predoni ch'eransi appiattiti allo sbocco della rapida ed angusta strada mulattiera. Nella notte un reparto di fanteria comandato dal maggiore Angelotti aveva bivaccato sotto questo sicomoro. Alcuni muli eransi sciolti e scappavano all'impazzata spaventati dall'urlo delle fiere. Il frastuono prodotto dalle bestie e dalle grida dei soldati per arrestarli destò un allarme nel campo. Si credette all'arrivo della cavalleria galla; i soldati svegliaronsi di soprassalto, taluno fece fuoco e vi furono dei feriti.

Nella giornata del 1.° marzo arrivarono sin qui stormi di scioani inseguitori.

Mentre apriamo le tende arriva il capo del Serirò con un gruppo di neri: è Barambaras Ghezai, un nuovo capo di ras Alula che si *distinse* ad Adua. Rende omaggio al colonnello e si accoccola colla sua scorta sotto il sicomoro. I suoi soldati ci spiano cogli occhi di scimmia.

– Avete fatto fuggire gli abitanti del piano, – dice Barambaras Ghezai, bevendo un gran bicchiere di rum, – hanno creduto *un'avanzata di vendetta*.

Lasciammo Mai Gabettà alle 5 del mattino, il 29 di maggio. La colonna sale per un lungo sentiero verso una larga cortina fitta di mimose e seminata di scarpe. Ritroviamo alcuni pezzi di granate scoppiate; non possiamo comprendere che cosa indichino quelle granate sparate così lontane dal campo di battaglia; forse perdute per istrada dai paesani razziatori, forse anche scoppiate tra le loro mani.

La marcia moveva ordinata per quella strada piuttosto agevole, tortuosa, sulla costa; quando, a turbare il silenzio delle nostre file, ci arrivano gli strilli di due donne indigene che ci corrono incontro colle braccia al vento levando altissime grida! Una vecchia orribile, e una giovane bellissima: tutte e due l'immagine della disperazione. Sbarrano il passo al colonnello e implorano con accento supplichevole. Vogliono seppellito un loro parente che giace sulla strada; è un ascaro dei nostri, scannato come un cane nella ritirata. Quelle donne erano andate a cercarlo per le indicazioni di altri ascari che lo videro cadere! Stanno lì, presso al cadavere, da due mesi. Mentre i soldati scavavano la fossa, quelle tapine colle tempie scarnificate, come usano a manifestare il loro dolore, non cessavano dalla lugubre nenia:

— Buon giorno, signor colonnello Arimondi.

– *Guaietaiè, guoleliè! Guaietaiè, guoleliè!* Era tanto bello, era tanto buono! E non la finivano di ripetercelo, accoccolandosi sul monticello di sassi che ricopriva la fossa. I loro lamenti ci seguono per un lungo tratto della discesa fin che il seppellimento di due cadaveri bianchi ci fa passare col pensiero alla desolazione di altre donne che non sono nere.

– Avevano la barba bionda! – dice un soldato, – tutti biondi questi che abbiamo trovato, forse gli alpini!

– No, – gli osserva il sapiente Gabrè Sghear, – voi altri bianchi diventate tutti biondi dopo la morte.

– Ma sentite, – aggiunge l'interprete rivolgendosi a noi, – sentite cosa dicono i soldati della scorta? Dicono che gli Italiani vivi sono qui vicini, in quelle capanne – e ci segnava colla mano in fondo, nel piano d'Entisciò, dove andavamo a sbucare.

La colonna si raggruppa e accelera il passo raggiungendo il gran piano: una vasta conca forse più vasta del piano di Mai Gabettà, ricca d'acqua e di verde, le cui zolle a scacchi, di recente rimosse dall'aratura, sono seminate di biade e di peperoni.

La tersa aria balsamica era piena degli effluvii delle erbe fragranti: si respirava in un aprile di Sicilia.

Appaiono le traccie di accampamenti, avanzi di baracche abbattute le cui morte frasche marciscono nel terreno inzuppato. Uno scheletro di cavallo, a perpendicolo, colle vertebre ritte, è piantato a metà nella zolla, per spaventare gli uccelli e allontanarli dal campo seminato.

A sinistra e a tergo contrasta turchiniccio, collo smeraldo della bellissima conca, il maestoso monte Augher[2] che nasconde il triste Alequà, il monte da cui scese nell'Entisciò Baratieri inseguendo le orme dell'esercito scioano.

Asselafi Ailù ci fa fermare. – Dobbiamo aspettare il capo dell'Entisciò, – egli dice, – Ligg Abraha.

Ligg Abraha? È uno dei tanti fratelli del famoso Debeb che ci fu dato da lui in ostaggio insieme con altri suoi parenti, in pegno cioè della sua fedeltà che non ebbe mai! Ligg Abraha era stato mandato a

---

[2] Da questo nodo montano si proteggono o si minacciano da chi lo occupa le comunicazioni tra l'Entisciò e Adigrat. Il monte Augher era stato occupato dalla banda del capitano Barbanti durante la marcia di spostamento del corpo di operazione da Adigrat verso l'Entisciò. Le nostre bande vi erano arrivate in tempo per prevenire i ras Alula e Mangascià che si erano mossi per impadronirsene. Le nostre bande erano sostenute a breve distanza dal 7.° battaglione indigeni al comando del maggiore Valli.

Roma all'età di 13 anni collo zio Ligg Tarafu, fu poi destinato al Collegio internazionale di Torino per fargli un'educazione e una cultura italiana. Dopo la prigionia e la morte di Debeb e dell'altro suo fratello Abbaguben, per vicende a me ignote, riuscì a scappare e.... combattè ad Adua contro di noi: una serpe!

Ligg Abraha a Torino.

Dal fondo del piano, dove s'alza un declivio ricco di arbusti, sbuca di corsa un gruppo di armati, una quarantina, collo sciamma al vento. In testa è Ligg Abraha e si ferma davanti al gruppo degli ufficiali appiedati che l'aspettano. Abraha cerca cogli occhi il più elevato in grado e:

– Buon giorno, signor colonnello Arimondi, – dice in perfetto italiano.

Rinvenimento di cadaveri nell'Entisciò.

Ligg Abraha è alto, un bel giovanotto di venti anni, avvolto nello sciamma, armato di vetterli e di revolver, coi piedi nudi e coi capelli irti, inzuppati di burro, che luccicano al sole. Si fermano attorno a lui i suoi seguaci, un pugno di faccie proibite cogli sciamma sudici, colle barbe ispide, neri come scarafaggi.

– Buon giorno, signori, – seguita Ligg Abraha con lieve accento piemontese e guardando in giro il gruppo degli ufficiali.

– Dunque voi avete degli Italiani prigionieri? – gli dice Arimondi.

– Sì, cioè, io no, un qualche sottocapo qui vicino ne ha qualcuno in cura perchè ferito. Ma sa, per darglieli, bisogna che ne chieda il permesso ai miei superiori!

Scambiò poi qualche parola in tigrino con Asselafi Ailù.

– Ma, come sento da Asselafi, il permesso arriverà subito. e sarò contento di consegnare questi feriti.

– Voi non avete dimenticato di parlare italiano.

– E come posso dimenticarlo!

Ricordò i generali Saletta, Corvetto, Baldissera, la sua visita a Roma alla Consulta e il rinfresco che gli fu servito al suo arrivo a Roma.

Il capitano Montanari.

– E ti ricordi dei tuoi compagni di collegio? – aggiunse il colonnello Arimondi con amarezza.

– Se me ne ricordo! Chi sa che ne è di Mario!

– Chi Mario?

– Mario Barberis, figlio di Luigi Barberis.

– È a Massaua.... per gli affari suoi.

Il capitano Montanari avvicinava intanto un pezzo d'omaccione sbarbato della scorta di Abraha.

– Ti riconosco! – gli dice puntandogli l'indice in fronte. – Non mi facesti tu da guida la notte che precedette il combattimento di Saganeiti?

Il soldato tigrino sorrise affermando sfacciatamente: comprendeva anche lui l'italiano.

– E ti ricorderai pure che mi volevi far sbagliar strada?

Il nero proruppe in una lunga rumorosa risata.

– Ma non ci sei però riuscito, briccone!

Abraha ci racconta, sempre impassibile, ma sempre *sull'attenti*, com'egli fosse stato fatto da Mangascià capo di una metà dell'Entisciò; dell'altra metà, egli aggiunge, è padrone ras Sebath. Io prendo in tributo la quinta parte di tutto il prodotto della campagna.

– E in premio di quale bravura fosti fatto capo?

Qui tacque e abbassò gli occhi.

– Sapete? – continuò ritornando impassibile, – il soldato ferito che lasciai poco fa, non voleva credere che venivano gli italiani, ho dovuto giurarglielo. Su quei boschi, – e additò in fondo in alto verso tramontana, – s'era nascosto un soldato italiano, Mangascià lo seppe e promise cinque talleri a chi lo trovava, e fu trovato: temeva gli si volesse fare del male, ce ne volle per poterlo prender vivo!

– Ma quanti sono dunque questi feriti che sono presso di te?

– Tre, ma li avrete, – soggiunse subito guardando Asselafi.

I seguaci di Abraha gli si stringevano attorno, guardandolo in viso, come a cercar di indovinare il senso delle sue parole.

– Non mi parlate più, vedete.... sospettano già abbastanza di me! – Poi aggiunse forte: – Gli ufficiali italiani hanno sempre di solito con loro dell'acqua di Felsina: se ne potrebbe avere un poco, per piacere?

Un ufficiale ne cavò una fiaschetta dalla bisaccia della sua cavalcatura: tutti quei manigoldi stesero in folla le mani facendo ressa. Se ne profumarono il petto villoso ed il viso.

I nostri soldati continuavano a frugare nelle zolle sconvolte: trovano un cadavere mummificato, come appostato in un fosso, con venti pacchi di cartuccie vuote attorno: aveva resistito accanitamente fino alla consumazione delle sue munizioni. L'avevano spogliato anche lui, tagliandogli col coltello la giubba e i calzoni di tela, di cui restavano alcuni brandelli.

– Venite, venite a vedere! – grida un soldato, – uno che si è battuto da leone!

È il caporale telegrafista Usai Antonio, sardo; lo si identifica dalle lettere private che si rinvengono nell'unica tasca del pezzo di giubba che gli resta ancora attaccato, tutto intriso di sangue. Vicino a lui è un monte di bossoli sparati: un pezzo di giovanotto! I soldati, che fan folla attorno, si scoprono, e lo depongono nella fossa con tutta precauzione, senza scosse, come se si trattasse di un addormentato.

– Addio, Usai! – mormora qualcuno, e cento pugni di terra gli cadono addosso con sordo rumore: per il loro compagno del genio intrecciano una corona di rubinee ricca di fronde.

Quelle birbe di neri s'erano allontanati e si spassavano a sparare per aria. I soldati nostri, lavorando alle fosse, guardavano i loro ufficiali e scrollavano il capo.

– Lo fanno apposta; non ve ne date pensiero: lo fanno per vedere se avete paura. – dice il capitano Montanari.

I zappatori raddoppiarono i loro colpi di piccone. Il giuoco delle fucilate cessava, e gli ascari di Abraha si avvicinavano ai soldati del genio. Avevano fraternizzato coi neri della scorta capitanati da Asselafi Ailù. Oh quei neri! Sapevano ben essi dove giacevano cadaveri di bianchi, e ne andavano indicando il posto ai graduati.

XIV

ZALÀ E SAURIÀ

Procediamo salendo per un sentiero bruno in un folto di cactus aggrovigliati come matasse. Le rubinee son alte e dense ai lati; cominciamo a salire il colle di Zalà dove erano gli accampamenti dei nostri la sera del 29 di febbraio. Dove per quindici giorni aveva campeggiato l'esercito di Baratieri.

Campo del Negus, di Jehà, da Mai Cherbara.

Fra gli spinosi cespugli, le malerbe ed i cardi, un cimitero di baracche sconquassate segna ancora i luoghi dove furono i comandi e le mense. Qui si teneva circolo la sera, ci venivano i giornalisti e i *touristes*, come il Mercatelli, il Macola, il Rossi, il Bocconi, il Del Valle. Entriamo.... una zaffata mefitica ci fa arretrare! C'è un cadavere sulla paglia, in istato orribile, non avvicinabile; eppure senza esitanza i soldati entrano e gli danno subito sepoltura.

Colli di Zalà e Saurià visti da Mai Cherbara.

– C'erano altri due feriti qui dentro, – dice Gabrè Sghear, – ma scapparono via di notte: non li trovarono più, me l'han detto quelli di Ligg Abraha.

Saliamo pel colle di Zalà fra zeribe sfasciate, tra barricate di frascume ingiallito; tra fossi e trincee rovinate, tra cento fori di cucine e buche da forni, fra ceneri e piote, doghe e fondi di botti; un seminato di barattoli squarciati e vuoti, di gavette, di pezzi di scarpe e di crino da basti. Qui era stato lasciato il campo e le tende intatte dalle

Anfiteatro dell'accampamento scioiano nel febbraio '93.

colonne che s'erano affidate all'ignoto: un vasto immondezzaio brulicante, dove schiamazzano sciami di cornacchie.

In alto, s'apre davanti una vastissima pianura attraversata dal letto di un fiume, il Cherbara, limitata da uno scenario di montagne paonazze fantasticamente ondulate, ergenti punte ideali da fondali di tragedia.

Forma la prima cortina il monte Tillilè o Debra Seit, rotto e dentato come un grugno di lupo che fiuti il vento. L'altra cortina in fondo è più cinerea: sono le prime pendici del Gandapta. Fra l'una e l'altra, come parallelo alla fronte nostra, il vallone di Jehà, dov'era il campo dell'esercito scioano rimpetto al nostro.[1]

La pianura che si stende dall'altura di Zalà, da cui guardiamo, è come sconnessa e scheggiata da depressioni ed avvallamenti; è tutta gialla di erbacce, le macchie delle mimose spiccano olivastre a manate.

Su quel piano che fu occupato dagli Scioani per sei giorni, furono esercitate le irrisoluzioni dei nostri, le ricognizioni, le punte infruttuose ed inutili. Sulla sinistra dopo il colle di Zalà, un lieve avvallamento, poi un'altra altura più elevata: Addi-Dichi; fino al protendersi lontana bruna ed uguale, a mezzogiorno, dalla dorsale del Saurià e di Enda Gabriel. Un bastione formidabile, fitto di trincee e di muri a secco che lo facevano apparire inespugnabile.

Parte della nostra colonna, che vedevo procedere pel piano, ora scompariva negli avvallamenti, ora riappariva rimpicciolita dalla distanza: una schiera di formiche al cospetto di quei monti. Immaginavo quell'anfiteatro di notte, come l'avevano descritto, tempestato di fiammelle e di fuochi come il purgatorio.

Sulla lunga distesa di questi colli, sugli accampamenti della vigilia del 1.° marzo s'erano rifugiati molti feriti che vi trovarono, con altri scampati, la morte. Il lavoro di seppellimento aumentava.

Volli segnare il profilo dell'anfiteatro di montagne che ci fronteggiava. Attorno v'erano molte carte sparse; mi chinai, ne raccolsi qualcuna: ecco una lettera-diario in cui erano brani della triste cronistoria del teatro circostante. Descriveva le ansie e le titubanze di quei giorni. Si capisce che chi scrive è un artigliere. Vivo o morto?

Melefesò, 20 febbraio 1896

Jeri sera sull'ordine del giorno v'era il racconto riguardante la banda disertata. – Erano infatti 500 circa che assalirono la coda di una carovana portante viveri al corpo d'operazione. A questi poi durante la giornata si unirono altri scappati da noi e molti abitanti di questi luoghi, i quali al nostro passaggio si rendono irreperibili e poi escono dai loro nascondigli, di modo che il numero dei ribelli potrassi giudicare di oltre i 1200. – Dal forte di Adigrat e da altri posti presidiati furono mandati uomini armati per disperderli, potendo per noi essere oltremodo pericolosi avendo tagliata la linea telegrafica che ci unisce ad Adigrat e

---

[1] Vedi la nota *A* in fine del capitolo.

Il prigioniero Orrico.

potendo impedire che nuove carovane potessero giungere a noi. –
Difatti vi furono tre combattimenti; nei primi due i nostri dovettero
ritirarsi lasciando sul terreno 3 ufficiali, un sergente e parecchi soldati.
– Il terzo fu a noi favorevole i ribelli furono dispersi, ma non se ne conoscono i particolari. La posta che doveva partire sin dal 18 non so se
ancora sia partita, ma lo sarà probabilmente perchè stamane potè giungere una carovana di viveri per noi e di biada pei muli. Questi erano
rimasti per un giorno già senza biada e noi avevamo già consumato una
giornata dei tre giorni di viveri di riserva.

Jeri sera ad ora tarda vidi un movimento insolito di generali, ciò mi
faceva presumere che qualche cosa v'era per l'aria. Difatti stamani per
tempo occupammo le nostre posizioni e seppi che due battaglioni bianchi, due d'indigeni e una batteria avrebbero fatto una ricognizione in
avanti. Ne vedemmo la partenza e li seguimmo sempre coi cannocchiali.

Verso le 9 circa si cominciarono ad udire delle fucilate, ma molto più
avanti delle posizioni occupate dai battaglioni e dalla batteria.

Credevamo fosse giunto il sospirato momento da noi tanto desiderato, ma le fucilate cominciarono a diradarsi, poi cessarono affatto.

Le truppe ripiegarono ed a mezzogiorno erano di nuovo nei loro accampamenti. Salute sempre buona. Morale elevatissimo, stamane, ai primi colpi.

Il diario segue scritto in matita:

Ore 14 ½ . Sono di nuovo al pascolo. Ho saputo stamani dal mio capitano il risultato dei colpi di ieri. Una compagnia indigena s'era spinta più avanti fino agli avamposti scioani. Erano circa 500 e cominciarono subito il fuoco contro i nostri. Questi risposero subito, ma giunse loro l'ordine di ritirarsi, e lo fecero subito lasciando sul terreno un ascaro morto e riconducendo due feriti. Dalla posizione occupata dalla batteria si vedevano benissimo i nemici ed il capitano voleva aprire il fuoco, ma il generale Da Bormida che comandava la ricognizione glielo proibì pel timore che coi colpi di cannone si sarebbe dato l'allarme generale e chi sa come sarebbe andata a finire. Dei nemici non si sa nulla. È certo che a loro difettano i viveri.... Sempre la stessa speranza, sempre le stesse delusioni....

23 febbraio 1896. Questi tre giorni nulla di nuovo. Mentre eravamo al pascolo venne l'ordine di raggiungere la batteria. Al nostro giungere seppi che Menelik era partito marciando su Adua. Ebbimo un falso allarme. Durante la notte giunse l'ordine che non si doveva più partire. Sembra che le informazioni ricevute circa la partenza di Menelik non fossero vere. Ieri venne fatta dai nostri un'altra ricognizione in avanti. Vi presero parte tre battaglioni bianchi, uno di milizia mobile e due batterie, fra le quali la mia. Si partì a mezzogiorno. Marciammo per tre ore e giungemmo su di un piccolo colle dal quale potevamo avere un buon campo di vista. Ci fermammo e per quanto si guardò del nemico non v'era neanche l'ombra. Il generale Da Bormida che comandava di nuovo la ricognizione era con noi. Dopo un'ora ricevette un biglietto il quale diceva (e potei udirlo mentre lo leggeva forte) che una forte colonna nemica si avanzava sulla nostra sinistra a 5 chilometri di distanza. Difatti partimmo tosto appoggiando a sinistra e dopo un'altra ora di marcia si giunse, mentre il sole si nascondeva dietro alle montagne, ai piedi di un colle sulla sommità del quale indovinavo già delle posizioni stupende. Ma nel più bello, mentre già tra me dicevo che all'indomani

avrei suonata la sveglia col mio cannone, giunse l'ordine di retrocedere, e lo facemmo, ve lo giuro, a malincuore, sebbene era dal mattino che non si mangiava, e se si fosse rimasti lì chi sa quando si sarebbe potuto farlo.[2]

26 febbraio 1896. Stamani alle 5 tutte le truppe erano sotto le armi e tutti presero posizione di combattimento. Le informazioni dicevano che all'alba saremmo stati attaccati avendo il nemico approfittato della luna per avvicinarsi a noi. Come al solito nessuno si vide ed ora che scrivo (ore 8) tutto è tranquillo e ci apprestiamo per condurre i muli al pascolo, poichè la biada difetta già da qualche giorno.

La settima pagina, come nei diarii di Marino Sanudo, custodisce una pena intima, religiosamente affettiva:

Sono sotto l'impressione di un fatto doloroso per me e lo sarà anche per voi altri quando leggerete la presente. Ho perduto la cosa più cara che io avessi; l'anello.

Non posso darmene pace e vi giuro che ho sofferto, ho sofferto davvero. Non tanto pel suo valore, come per essere l'unica cosa che mi ricordasse il povero Papà mio. Io non sono superstizioso, ma quando me ne accorsi presagii subito qualche sventura. Speriamo che ciò non si avveri; intanto ho giurato che non porterò mai e poi mai anelli in dito!

Qui il diario si arresta; non fu più ripreso! Che avvenne dopo? macchinalmente girai intorno lo sguardo.... ma, non volli nemmen'io lasciarmi vincere da sentimenti superstiziosi; mi augurai di poter riconsegnare il diario a chi lo scrisse.

Capisco quanto tutto ciò ti dovrà preoccupare (parola di un altro ufficiale alla sua sposa), ma non esageriamo, sii tranquilla, un combattimento da tutti è sperato ed io lo desidero perchè senza di esso non potrà venirsi ad una soluzione; ma non preoccuparti tanto, siamo in tanti, non aver timore, non immaginare la guerra come gli scontri già avvenuti che disgraziatamente sono stati macelli. Ora è diverso, vi è tanta truppa!....

---

[2] Vedi la nota *B* in fine del capitolo.

Quindicimila uomini e cinquantasei pezzi di artiglieria! Tanta truppa! Ed era ridotta all'immobilità, incapace di una risoluzione, come una massa inerte! Tutta questa truppa s'era vista sfilare davanti, ad Ausien, un esercito senza potergli arrecare la menoma offesa; s'era illusa correndo dietro a chimere strategiche, stancando sè stessa, affamandosi e posando stanca ed innocua davanti al nemico che abbeverava, qua davanti, tranquillamente i suoi muli nel Cherbara, a portata di voce degli avamposti! Costretta, tutta questa truppa, a vedere allontanarsi il nemico senza poterlo più seguire, vedendolo mascherarsi e poi sparire dietro quell'intricato sipario di montagne formidabili.

Ma se questa massa d'armata è diretta incoscientemente, fra i singoli elementi l'entusiasmo non affievolisce e ai radi spari di avamposti si rianima e spera liberarsi dall'inazione forzata che li umilia. Rispecchiano quelle anime l'entusiasmo istesso che invade tutta la Patria lontana, tutti i suoi figli, giovani e vecchi,.

"Carissmo Paolo, – scrive un vecchio colla mano tremante in un foglio che trovo macchiato di sangue, datato da Treviso. – Hai fatto benissimo a recarti in Africa. Alla tua età avrei fatto altrettanto, ma i miei anni sono 78 suonati, dunque...."

Ancora un'altra cartolina di un ufficiale, Romani, a un suo collega, Cicambelli, che gli dà notizia della sua partenza col nuovo nerbo di truppe mandate a rinforzo dall'Italia: l'intera divisione che al comando del generale Heusch trovavasi in viaggio!

Rifacevo colla mente l'avanzata improvvisa della sera del 29; mi pareva veder procedere nel gran piano, al chiarore della luna, le tre colonne lentamente, silenziose. Quelle masse, cogli equipaggiamenti deperiti e le scarpe legate colla corda,[3] si avviavano verso l'anfiteatro che sbarrava e mascherava il passo, pressochè ignoto, come una muraglia ciclopica al cui margine era stata arrestata la ricognizione del 23 febbraio. E si voleva passarlo quell'immane bastione a ogni costo, alla cieca, poichè il contatto col nemico da molti giorni era perduto.

Si voleva sorprendere questo nemico che ingenuamente si supponeva ignaro dalla avanzata, mentre gl'indigeni, appena disertati quei colli dai nostri, accesero grandi falò, fecero la *fumata* sul Zalà e sul

---

[3] MENARINI, *La brigata Dabormida*, op. cit., pag. 10.

Saurià, per avvisarne le mosse a chi ne attendeva il segnale!

O perchè il Cherbara, pensavo, quella notte non si gonfiò e non impedì l'avanzarsi audace, temerario, cieco di quei sconsigliati!

Ma tutto era silenzio, anche ora, di giorno presso al meriggio, col sole diventato cocentissimo, col frastaglio di nuvole dense che chiazzavano d'ombre paonazze la gran valle silenziosa.

Ma ecco che l'uccello flauto ripete come un singhiozzo la sua frase elegiaca:

Un rumore prima confuso, poi più distinto, alle mie spalle, mi tolse dalla triste contemplazione di quel quadro, vedo salire pel sentiero del colle un piccolo gruppo festoso; i soldati del genio applaudivano qualcuno. Posato sopra un muletto stretto da presso, acclamato, incedeva un fantasma. Due zappatori alla testa scortavano per le briglie la cavalcatura, come il gruppo di Carlomagno: era un piccolo trionfo.

– Che c'è?

– Un prigioniero! ci hanno reso un prigioniero! Cercavamo i morti e abbiamo trovato i vivi. Orrico! Viva Orrico!

Il povero, gramo soldato spariva, si perdeva sotto la coperta da campo che gli avevano posata sulla testa e sulle spalle per difenderlo dalle torture del sole.

Il suo stato era miserando! Quasi cieco dall'oftalmia, non si rendeva conto di ciò che avveniva attorno a lui. Ferito al braccio, quasi cancrenoso, si doleva a ogni passo del muletto. Cosa da straziare!

– Come ti chiami?

– Sono bersagliere.

– Ti domando come ti chiami.

– Orrico Rosario.

– Di dove sei?

– Di Campagna, provincia di Napoli....

E il tremito che lo invadeva non gli permise di parlar oltre. Ligg Abraha al nostro allontanarsi s'era unito ad Asselafi Ailù ed era andato nel suo paese a prendere il prigioniero che aveva custodito così bene, a Tucoz.

Col capitano Bonelli, che accompagnava il gruppo, ci avviammo

per raggiungere Arimondi, Angherà e Montanari, che s'erano fermati alle acque di Mai Cherbara per il *grand'alt* del meriggio.

Durante la colazione gli episodi della mattina furono argomento
di commenti animati, sebbene il caldo ci tormentasse; ma il colonnello Arimondi era sempre pensoso ed addolorato: rivolgeva la

Amba Tillilè o Debra Seit.

mente al fratello, e gli sorprendevo qualche lacrima mentre vagava
intorno collo sguardo, come a seguire le mosse di un essere invisi-
bile.

A nord, dal nostro punto di riposo, da Mai Cherbara, si stendeva davanti la lunga cortina di Saurià e di Zalà. Dal punto della
nostra fermata gli Scioani avevano accennato un attacco contro il
corpo di operazione il 13 di febbraio, la notte del giorno medesi-
mo in cui defezionarono ras Sebath e degiac Agos Tafari. Gabrè
Sghear ci indicò un serpeggiamento confuso nell'altura, era il sentiero da cui scesero, per passare al campo nemico, i due ribelli colle
loro bande.

A turbare il breve riposo venne un branco di neri ad offrirsi per
rintracciare quei cadaveri che giacevano fuori del raggio della nostra

marcia. Vogliono un tallero per ogni cadavere che ci avrebbero portato!

Quel mercimonio turpe ci nauseò, tanto più che vedevamo attorno a noi mucchi d'ossa combuste, fra l'erba incenerita.

Asselafi Ailù.

Ripresa la marcia, il lavoro delle compagnie si fa sempre più frequente. Ogni venti passi un cadavere, ogni venti passi una fossa, una croce e una corona! Le rare nubi concedono rapidi refrigerii d'ombre. Angherà ci dice che attraversiamo la strada che batterono molti superstiti della colonna Da Bormida.

Alle sedici arriviamo sotto Debra Seit, la selvaggia amba Tillilè, nel campo che Manconnen teneva alle metà di febbraio: la saracinesca alpestre che copriva la fronte scioana davanti al Zalà e al Saurià.

Il nostro colonnello opinò di attendarci sotto l'amba Tillilè, dove era già stato il campo di Maconnen. Sapeva che nel vicino paese di

Adi Cocmà s'aggirava un nostro soldato, prigioniero di quei paesani, e volle proseguire per quelle dimore, salendo i gradini meridionali del monte asprissimo.

Ma all'avanzarsi nelle prime capanne, una folla di indigeni, mandando alte grida, coi fucili spianati, impedisce al gruppo dei nostri ufficiali di inoltrarsi, di avvicinarsi all'abitato. Asselafi Ailù chiama i suoi pezzenti della scorta e si getta corpo a corpo fra i neri che avevano osato d'impedire il procedere dei nostri ufficiali. Il capitano Angherà, che conosce un po' il tigrino, col sorriso sulle labbra che testimoniava un sangue freddo ammirevole, s'interpone, tentando

Un disegno di Asselafi Ailù.

persuadere come vi fosse un equivoco:

– Vedete, voi non avete fatto a tempo a ricevere gli ordini, li riceverete fra poco. Noi veniamo a dar sepoltura ai nostri soldati col permesso di ras Mangascià, di cui Asselafi Ailù vedete il rappresentante.

Asselafi con piglio da padrone urlava in nome di Mangascià, gli altri se ne infischiavano e di Asselafi e di Mangascià. Chi comandava là era Alula! Indietro dunque!...

Questi aggressori erano nientemeno che i fitaurari Fanta, Ligg Tesammà e Ligg Tesfai!

Col sorriso e la barzelletta tigrina di Angherà, rivolta pure alle donne che urlavano all'uscio dei loro tugurii, cominciò a ritornare la calma, si cominciava a ragionare. Asselafi non sapeva darsi pace per quel mancamento di rispetto.... In ogni modo il pericolo era scongiurato.

Il prigioniero, l'italiano, c'era, a cavalcioni del muricciolo che circondava le capanne, col suo berretto rosso e il fiocco turchino; guardava come istupidito la scena che accadeva intorno a lui!

All'attendamento Asselafi Ailù calma la sua eccitazione vuotando bicchieri di rhum e facendo strazio di zucchero. Angherà, il nostro fine diplomatico, versa sempre liquore e dice ad Ailù:

– Dunque, Asselafi, te li farai dare, non è vero, questi prigionieri? A te non la fanno sicuro!

– *Iscì! Iscì!* sicuramente, sicuramente! Più tardi, che diamine! Ci sono per qualche cosa io! Li avrete tutti; al cadere del sole saranno qui, vedrete!

E giù a macinare pezzi di zucchero.

– Ma proprio tutti?

– *Iscì, iscì!* Tutti!

Dopo la tempesta, la calma; il rhum gli aveva fatto il viso ilare; ne approfittammo per aprirgli il cuore a maggiori tenerezze.

– Voglio farti il ritratto, Ailù, – gli feci dire da Gabrè Sghear.

Contentone! Cominciò a drappeggiarsi come Alessandro Magno, atteggiandosi a fierezza, alzando il mento e aggrottando le ciglia. Sentiva la posa.

Ma appena ebbi schizzata la testa, dice in arabo e in italiano:

– *Calas*, basta!

Quando vide i pochi segni che avevo avuto il tempo di fare si riconobbe, e non voleva finirla di ridere: Alessandro Magno era diventato Arlecchino.

– *Malefià, malefià!* benissimo, benissimo!

Continuava a ridersela un mondo. Volle la matita per darmi un saggio del suo talento artistico. Disegnò tutto un trattato di etnografia terrestre e.... celeste: un turco a cavallo, un dervisc, un italiano, un abissino ed un angelo; aggiungendo dentro le teste di ognuno, in amarico, la leggenda che Gabrè Sghear si affrettò a tradurre. Ailù era stato meticoloso nel distribuire gli attributi alle sue figure: l'elmo colla penna da bersagliere, i baffi in alto ed il sigaro all'italiano; al sudanese il fez e i grandi labbroni; al turco la pipa ed il turbante. L'abissino per lui è la più regolare, la più semplice, la più pura delle teste, tal quale come quella dell'angelo, che segna coll'ingenuità volu-

ta di un *primitivo* e al quale aggiunge l'aureola e la spada fiammeg-
giante: o che derivino dall'Etiopia i preraffaeliti?

– *Malefià, malefià!* - gli gridammo applaudendolo.

Ed egli, incoraggiato, volle dare ancora un ultimo saggio del suo
talento artistico, disegnando (pareva non ne potesse fare a meno) nel
mio album l'indispensabile soggetto che colpisce la fantasia di tutti i
cofti: San Giorgio che uccide il drago.

Quel San Giorgio che vagava il giorno della battaglia nei cieli di

Il San Giorgio dei Cofti.

Adua!

Ma l'intermezzo artistico è interrotto dall'arrivo di un gruppo di
tigrini che conducono al campo nostro un prigioniero italiano.
Tutti verso di lui. I soldati lo abbracciano e lo tempestano di
domande, gli offrono del brodo, dei cibi. Ha gli occhi ammalati: è
un caporale maggiore di fanteria, Cosimo Quattrini di Reggio di
Calabria. Non potè sapere della sua liberazione che all'ultimo
momento, poche ore prima di essere portato al nostro accampamento.

– Credevo mi portassero a morire, – disse. – E del mio capitano
signor Guastalla, che ne è? – domandò subito dopo![4]

– Ero ferito al piede, fui preso mentre davo da bere a un povero tenente tutto tagliuzzato che non conoscevo.

Ci fa vedere il cibo che ha nel sacco a pane; feci un salto indietro pel puzzo di ribollito che ne usciva: degli avanzi ammuffiti d'engerà nero di taf, quella specie di nido di vespe che puzza d'agro in modo abbominevole.

– Mi han tenuto due mesi in un pagliaio come un cane, – dice il Quattrini, – soltanto dopo li terzo mese cominciarono a favorirmi di questa roba, prima erano ceci crudi quelli di cui mi cibavo.

I tigrini, che l'avevano accompagnato, avevano un'aria beata da non dire; pareva avessero compiuto una grande azione tenendocelo custodito in quel modo, si meritavano bene qualche compenso! E giù a trincare rhum e barlettone; ma ci voleva qualche cosa di solido: e portarono via senz'altro, a scannare nel prato, il migliore dei nostri buoi.

Quegli indigeni fan ridicola mostra del loro buon umore, e, manco a dirlo, ne approfittiamo.

Un soldato del genio, in compagnia del medico, sguiscia con un magnifico piatto di maccheroni e della carne stufata, lo porta là sopra, in Adi Cocmà, al soldato dal berretto rosso che stava sul muricciuolo, e che non c'era verso volessero rilasciare. Ma sul tardi, all'odore del desinare, vennero da noi i suoi custodi: fitaurari Fanta, Ligg Tesemmà e Ligg Tesfai, a far quattro chiacchiere, e a chiedere venia della mancanza di rispetto al signor colonnello ed agli ufficiali; ma dovevamo aver pazienza per il prigioniero; Alì[5] è al suo posto, e non lo tocca nessuno; avevano mandato a sentire ras Alula, ci andava delle loro mani e dei loro piedi. Col loro padrone non si scherza! così assicurava quella brava gente.

Fitauraru Fanta ci raccontava aver veduto coi suoi occhi dall'alto del Dongollo l'avanzarsi delle truppe fresche, ordinate, compatte di Baldissera, e se n'era andato via cogli altri a cui era passata la voglia di contrastarci il terreno. – Se si fosse avanzato così, *l'altro*, diceva, la battaglia l'avreste vinta voi.[6]

[4] Il capitano Guastalla apparteneva al 5.° Regg. Africa (colonnello Regni della brigata Dabormida) egli è tra i superstiti.

[5] I soldati italiani chiamano Alì indistintamente tutti i neri; gli Abissini in ricambio chiamano Alì tutti i soldati bianchi.

[6] Veramente fra le ambe di Adua era impossibile avanzare spiegati ed ordinati come nella piana di Gullabà.

Asselafi in ogni modo ha fraternizzato con i suoi simili, non foss'altro che per far loro apprezzare le qualità del nostro rhum, che bevono allegramente in compagnia.

Viene dal paese un soldato di Alula a farsi medicare un dito dal nostro medico, portatogli via da una palla italiana; è accompagnato da altri indigeni curiosi che si avvicinano in punta di piedi. Sono tutti soldati di Alula che han fatto strazio vile e inumano dei nostri.

In quel giorno fra i quaranta sepolti ne trovammo una ventina di evirati, prodezze tutte di quei bravi abitanti. I nostri soldati li guardano con odio e disprezzo, ma essi restano impassibili: sorridono, e sorridendo portano sulla palma della mano, per riceverne un tallero, un pugno di freddo cenere dei nostri morti!

NOTE.

A. Il campo scioano

Il campo scioano col totale, o quasi, dell'oste rimase di fronte al campo italiano il solo giorno 13 febbraio. La sera del giorno stesso il grosso si spostò verso Gandapta lasciando nel campo di Jehà una retroguardia di 4 o 5000 uomini. Il giorno 15 nelle ore antimeridiane questa retroguardia si sposta essa pure. Chi dice se ne sia andata verso Gandapta ad unirsi al grosso; chi dice abbia messo campo vicino al posto già occupato, limitandosi a mascherarsi dietro le alture. Il colonnello Brusati propose una piccola ricognizione per constatare la cosa, non sembrandogli prudente fidarsi troppo dei solito informatori. Si recò personalmente in ricognizione, anche per provare che con piccole ricognizioni si può, in date evenienze, meglio raggiungere utili risultati che non con ricognizioni intraprese da reparti di truppa, i quali spesso si lasciano indurre a combattere anche quando non lo dovrebbero. L'operazione era pericolosa e la piccola ricognizione avrebbe potuto esser presa dal nemico. Ma il colonnello Brusati procedè con tutta prudenza, senza la pretensione di voler compiere inutili eroismi. Accompagnato dai capitani Fumel e Aghem (morto sul Rajo) e da tre soli ascari arrivò, dopo qualche peripezia, al campo puzzolente già occupato dagli Abissini e lasciato da essi poco prima, come potè esser dedotto dai fuochi ancora accesi. Vi trovò due selle e qualche altro oggetto. Potè fare uno schizzo della località e se ne ritornò all'accampamento giungendovi alle 21 e mezzo.

Nella marcia verso il campo abissino, il colonnello fece prigionieri due indigeni che al suo apparire eransi appiattati entro un cespuglio. Invitati a dare spiegazione del loro contegno sospetto, risposero essere nostri informatori, e, a provarlo, presentarono un biglietto firmato Budrero col bollo del comando in capo. Dissero di essersi nascosti avendo creduto il colonnelli Brusati un abissino! E sì che il colonnello era in elmetto, e con tanto di sciarpa a tracolla. La risposta di quei due indigeni confermò nel Brusati il sospetto che costoro giuocassero a partita doppia e che si fossero nascosti per spiare le sue mosse, fors'anche per correre ad avvertire i non lontani posti abissini e far cadere gli ufficiali nella loro rete.

B. Le ricognizioni

Il diario da me trovato non è troppo fedele nelle date. Le ricognizioni eseguite con truppe dalla nostra posizione di Saurià-Zalà, lo furono sempre sotto il comando di colonnelli per turno d'anzianità. L'osservazione dei turni in guerra è cosa delicatissima. Il 20 febbraio la ricognizione cui allude il brano del diario, era comandata dal colonnello Airaghi, il generale Dabormida la seguì da spettatore. Sotto la data 23 febbraio il compilatore del diario dice: "Ieri venne fatta dai nostri un'altra ricognizione". Ora il 22 non ebbe luogo nessuna ricognizione. Il 22 febbraio furono inviate tutte le salmerie indietro, a Mai Gabettà, ed il 22 stesso fu dal comando in capo emanato l'ordine del giorno che diceva: Avendo il nemico rotto il contatto, noi ci recheremo domani con tutte le truppe a Debra Damo. È saputo che lo spostamento indietro era stato ordinato anche perchè l'Intendenza aveva avvertito che i viveri sarebbero esauriti in una diecina di giorni e vi sarebbe stata una interruzione di molti giorni, prima che ne avessero potuto giungere degli altri, e che sarebbe stato perciò necessario muovere il campo prestissimo e ritirarsi per andare incontro alle vettovaglie.

Il 23 febbraio è emanato un contr'ordine di ritirata, e tutte le truppe, indigene e italiane, eseguiscono una marcia-ricognizione in avanti, verso Gandapta, con tre colonne: sinistra Albertone, brigata indigeni; centro brigate Arimondi e Ellena; destra brigata Dabormida e un battaglione indigeno di milizia mobile. Il comando di tutte le truppe, per questa operazione, è affidato al generale Ellena.

Era una prova generale della marcia della notte del 29. E fin da quella prova la brigata indigeni fila innanzi e si distacca dalle altre brigate, tantochè occorrono due ore e mezzo ad un uomo a cavallo per cercare il collegamento. Alle 9 di sera tutte le brigate rientrano ai loro accampamenti, avendo scorto avanti ad esse piccoli posti avanzati del nemico, e null'altro.

XV

NEL VALLONE DI JEHÀ

Coi primi raggi del sole, era il 30 di maggio, salivamo i gradini naturali che dal fianco meridionale di Debra Seit conducevano ad Adi Cocmà. Davanti alle capanne stanno le donne, in un largo cortile cintato ingombro di arbusti e di pietre scomposte, come se vi fosse turbinata la tempesta. Ma il cielo era terso e sereno; sul muricciuolo, a

La valle di Jehà da Adi Cocmà.

cavalcioni, come se non si fosse mai mosso, c'era sempre il nostro soldato e accanto a lui, mezzo bruciato, un cadavere di un bianco! Più in là, di faccia, dove finiva il cortile e ripigliava il sentiero, uno sterno umano conficcato per metà nella terra, poi un altro cadavere bruciato a mezzo; e ceneri e ossa umane sparse dovunque. Il nostro compatriota non poteva essere avvicinato "per misura di prudenza" si disse. Egli ci vedeva passare coll'ansia e il dolore dipinti sul volto, quasi attratto, pareva volesse abbandonare il suo muricciuolo; ma si guardò attorno e comprese che non lo poteva, i soldati d'Alula erano lì vicino che lo vigilavano.

Passando e guardando in alto come se non parlassi a lui gli chiesi:

– Come ti chiami?

– Chiovetta, – rispose quasi balbettando, con marcato accento siciliano.

La valle di Bitale.

– Di dove sei?

– Di Troina, signurinu!

– Comu ti la passi?

– Lu vidi chi bella cumpagnia. – E colla mimica espressiva siciliana, segnandomi i cadaveri: – Si sapi comu si nasci e nun si sapi come si mori!

Coll'istesso linguaggio dei cenni, allontanandomi, dietro a un ciuffo di mimose, non visto, lo assicurai che sarebbe stato liberato in giornata.

Procedetti come senza coscienza; era la muletta che mi faceva seguire da lontano la colonna.

Consideravo la miseria e l'impotenza nostra in quei momenti: non poter portar via con noi un nostro fratello, che trovavamo vivo fra cadaveri di altri nostri fratelli! E noi intanto, noi bianchi, noi soldati italiani, sgusciavamo ossequenti davanti a un miserabile pugno di barbari e spogliatori di cadaveri! Quale avvilimento sordo per tutta l'anima! Quale umiliazione deprimente! Mi si stringeva il cuore per quelle uniformi che procedevano avanti; per quelle, per tutte le altre gloriose che serrano le file dei nostri squadroni, dei nostri battaglioni, delle nostre batterie! Volava la mia mente agli elmi crociati, alle camice rosse e mi sentivo sconfortato, perduto sul dorso di quella muletta abissina che andava da sola, e per istinto, ricalcando le orme di chi mi precedeva!

Mi venne incontro Gabrè Sghear:

– *Guaitana!* [1] non vieni? Siamo nel gran vallone della ritirata, il campo di Jehà, dove c'era il Negus tre giorni prima della battaglia!

Si discendeva, ed attraversavamo una larga vallata che si stendeva pianeggiante da settentrione a mezzogiorno, pinta di grandi striscie di verde cupo: chiazzata di serpeggiamenti d'acquitrini. La valle da sinistra sbucava da un addentellato di monti fittissimi in tre cortine, correva e si sprofondava a nord fra due gole violette. Nei due fianchi una serie di roccie ora appuntite ora avvolgentisi come creste di onde in tempesta. Il Tillilè e le ambe rocciose, lasciate alle nostre spalle, proiettavano lunghe ombre mattinali fino a mezzo della valle, che fumigava nebbie sottilissime. Di qua e di faccia due bastioni prolungati, mascherati di boscaglie di tamarigi e di robine. I contadini tigrini avevano aspettato lì in agguato la fiumana che scampava al disastro.

Il capitano Angherà che aveva preceduto tutti, s'era arrestato:

– Ecco la grande linea di ritirata, – disse a mezza voce, segnando coll'indice, dal fondo all'apice della valle. – Qui siamo arrivati verso le quindici; eravamo circa duemila accanitamente inseguiti, sempre, di laggiù, da quelle cortine che ci nascondono ora il Rajo e il Samaiata, dalla cavalleria galla e dagli Amarà; seguitemi.

E si diresse verso tramontana, come a seguire la massa che si salvava.

– Non avevamo trovato lo sbocco della valle d'onde veniamo ora, perchè dapprima ci era contesa, tutti ci dirigevamo al largo dove non

---

[1] Signore.

trovavamo ostacoli e l'orizzonte si prolungava libero.

Ahimè! ogni passo è un brivido! attraversano il sentiero lunghi cadaveri colla faccia nelle zolle, poi il fitto delle salme si dirada e si allarga, come si allarga la valle; quelle povere vittime avevano cercato scampo deviando. Sotto i cespugli giacciono gli stanchi, gli assetati, i feriti, trucidati nel loro nascondiglio.

La valle si restringe ancora sotto una ripida costa, dove la colonna

Mai Haini.

degli scampati s'era allungata; parte di essa si era gettata in un altro vallone più avanti, la valle di Bitale.

– Dalla costa i cavalieri nemici tiravano al bersaglio, – riprende Angherà, – qui caddero molti ufficiali, mentre tentavano di fermare i fuggenti. Ma il panico non ha occhi nè ubbidienza; fino a questa stretta avevano corso per quattr'ore i nostri soldati fra i fossi e i pantani, obbligati a lasciarvi le scarpe e le armi. La ritirata proseguì fino alla prima altura; fin presso al tramonto. Eravamo in 800 di 2000, gli altri erano caduti o s'erano dispersi. Ripartimmo alle 20, col chiarore della luna. Precedeva un plotone di fanteria armato; seguiva il quartier generale. Aveva preso il comando e disposto in ordine la colonna il colonnello Brusati perchè il più anziano dei due colonnelli presenti. Brusati mise all'avanguardia il capitano Spreafico cogli indigeni perchè verosimilmente più abili a districarli in quei terreni: qualche ascaro era di quei paesi. Al centro della colonna i feriti, moltissimi, ufficiali e soldati, poi tutti gli ufficiali e soldati senza reparto. Alla retroguardia i soldati italiani meno stanchi e non feriti. La retroguardia era comandata dai capitani Pedriali e Cavallina.[2]

La colonna si era divisa in marcia e diretta su due punti: con

Adi Chaletè.

[2] La colonna era composta degli avanzi di tutti i battaglioni combattenti al Rajo, vi era qualche soldato della Colonna Dabormida che aveva combattuto a Mariam Sciavitù.

Giunto ad Adis Addi colla colonna, il colonnello Brusati diede notizia telegrafica del suo arrivo al vice-governatore Lamberti, dal quale ebbe ordine di proseguire per Asmara, come in fatti fece. All'Asmara la colonna risultò composta così:

Molti bersaglieri, ufficiali e truppe; 79 uomini del 4° battaglione (maggiore De Amicis, reggimento Brusati) in pieno assetto come se fossero tornati da una manovra; li comandava il bravo capitano Niri, succeduto al morto maggiore De Amicis sul campo di battaglia. 50 soldati del 2° battaglione reggimento Brusati. 9 soldati del 9° battaglione, reggimento Brusati. Un drappello del 4° reggimento Romeo: un drappello del 5° reggimento Nava; un drappello del 3° reggimento Rani in massima parte appartenenti al 7° battaglione comandato dal maggiore Montecchi, morto. Un drappello del 6° reggimento Airaghi. Alcuni artiglieri delle batterie Mottino e Regazzi (brigata Dabormida) e con essi il capitano Regazzi ferito e ammirabile pel suo contegno, al pari del tenente d'artiglieria Ferigo, pure gravemente ferito al braccio sinistro. Un totale di circa 800 uomini. Il colonnello Stevani caduto da cavallo nella notte dovette fermarsi all'infermeria di Adi Ugri.

Nel piano di Mesber.

Baratieri da una parte, con Stevani e Brusati da un'altra. Dalla stretta si sarebbe potuto andare a Saurià e Zalà, ma i soldati stanchi, affamati e assetati s'erano buttati all'acqua e s'erano addormentati. Per molto di quei miseri fu l'ultimo sonno! I resti della brigata Dabormida aveva seguitato quella strada l'indomani, ma molti si dиressero a sinistra verso Sora, Adiqualà, Mai Haini, dove era stato mandato qualche giorno prima della battaglia il maggiore Ameglio col suo battaglione per tentare d'impedire l'invasione minacciata dell'Oculè-Cusai. Il colonnello Ragni si diresse a Saurià.

Ci eravamo fermati al punto dove fu tentata la riunione; dove si disse fu spiegata la bandiera del comando per riunire gli sbandati. Là erano arrivati alle 16 il colonnello Brusati tenendo raccolti un pugno dei superstiti dei suoi battaglioni arrivò al burrone dopo due ore. L'inseguimento era cessato.

Su quel punto, Adi Chaletà, sorgeva una chiesetta, Enda Mariam, nascosta da un fitto di euforbie; dietro la chiesa si apriva una gran valle, dove serpeggiava il verde dell'acqua nascosta; pei fianchi, declivii verdeggianti che nascondevano cento sparsi casolari. Una gran valle che pareva rigogliosa di oliveti e di biade. Come si chiamava? Gl'indigeni la dicevano regione di Zebin Guilà. Sulla carte l'acqua è segnata con puntini celesti, corso incerto di fiume. Vi è detto: strada percorsa dal viaggiatore d'Abbadie.

Una regione inesplorata, quasi sconosciuta, così ampia e così esuberante di vegetazione! Asselafi Ailù fa chiamar forte da uno dei suoi ascari verso il paese: *Agnaccà! Agnaccà! Uuh!* Ne scendono dei paesani con pentolacce di miele sporco, con tecc e uova.

Questi indigeni si conoscono dappertutto, si chiamano fratelli e si abbracciano, quando sono eguali; s'inchinano, toccando il suolo colle dita, quando riconoscono un capo. Asselafi-Ailù fu profondamente ossequiato.

La breve conferenza tenutaci dal capitano Angherà finiva così:

– E ora non è prudente inoltrarci, qua gli ordini di Mangascià certo non sono arrivati, e la valle è pericolosa; d'altra parte l'inseguimento qui s'è arrestato, e la nostra presenza è inutile.

Ritorniamo sui nostri passi. Il triste ufficio degli zappatori ricomincia alacre e ininterrotto!

Non son più le fosse isolate che si apprestano, ma fosse comuni che accolgono tutti i cadaveri che si trovano nel raggio di cento metri.

I cappuccini non tolgono la stola e funzionano senza interruzione.

Era il punto dove si ebbero le massime perdite dopo la battaglia.

Il triste campo prende il nome di piano di Mesber.

Sparsi pel piano, i soldati del genio cercano in silenzio e trovano sempre. Trovano e commentano, lasciandosi spesso cadere dalle

Il farmacista signor Martini.

mani la gravina! Quasi sempre i cadaveri sono evirati, evirati ancor vivi: l'atto estremo di difesa e di spasimo che gl'infelici conservano, provano l'orribile, nefando strazio a cui soggiacquero! Le jene hanno compiuta l'opera di distruzione; hanno dilaniato quasi tutti i cadaveri, ritroviamo le membra lontane dal torso, spolpate e rosicchiate!

Frughiamo ovunque. Questi poveri scheletri non han camicie nè scarpe, nulla! Ignudi tutti, spogliati di tutto! Ah! qui c'è una mano guantata, sarà d'un ufficiale; qua un arto calzato di una calza finissima che s'è conservata bianca al diseccarsi delle carni! A chi appartiene questo guanto, e questa calza che non ha cifre? Vi fosse la sorella, la sposa, la madre, così valenti nel riconoscere la roba dei loro cari!

Ahimè! ogni ardore di ricerca si spegne: il brutale, macabro quadro della dispersione e della rovina ci avvilisce!

La jena!... In pieno giorno sguscia una coppia di sciacalli fiutando un basso, interrotta nella sua opera di distruzione! I soldati la rincorrono a colpi di pietra.

– Signor Martini, – dico all'ufficiale più vicino, al farmacista che versava barili d'acido fenico sulle fosse, – favorisca mandare qualcuno verso l'acqua: è una pietà!

Rasentando la costa avevo scorto un quadro miserando: un gruppo di scampati s'era gettato ardente di sete all'acqua: erano stati fulminati dall'alto, mentre si dissetavano! Giacevano colla testa e le braccia affogate nel pantano!

Verso Adi Cocmà, al principio della valle, il terreno è arato: i cadaveri hanno disturbato i buoi e gli agricoltori e furono bruciati tutti! Sembrava avessero adoperato il petrolio, le ossa erano completamente incenerite.[3] Le scarpe e le uose sono a mucchi, gl'indigeni le avevano tratte dai pantani e poi abbandonate.

Il tenente Rescaldani.

Tornai verso il tramonto sotto i gradini di Mai Cocmà. Sul monte laterale a Debra Seit s'erano arrampicati il colonnello Arimondi e il tenente Rescaldani per iniziare un rilievo topografico; gli indigeni facevano tenda col loro sciamma per evitare ai due ufficiali i concenti raggi del sole. Sull'aia erano scomparsi i cadaveri, e il prigioniero Chiovetta era stato mandato al nostro accampamento. Era già tornato il corriere, spedito la sera avanti a Mangascià che si trovava accampato nel Faras-Mai, a sud del Samaiata.

Fra le tende, trovai nuovi arrivati, tre prigionieri: il caporale maggiore Florio Achille di Desenzano che ebbe la fortuna di trovare un sottocapo che non lo maltrattava. Il caporal maggiore aveva fatto un po' di toeletta e raccontava che gli indigeni gli radevan la barba!... E poi si dice che sono barbari!

---

[3] Fra le povere merci del mercato di Adagamus, mercato del giovedì, vicino a Efesì, avevo visto in vendita del petrolio in latte.

Nel vallone di Jehà.

Era pure stato consegnato un ascaro dei nostri battaglioni indigeni: Mohamet Amed. Altri prigionieri, ci raccontano, furono mandati verso Adua per farli procedere ad Adiquala, al nostro confine.

Il nostro campo brulica di neri; oltre alla scorta capitanata da Asselafi, ci sono quelli del seguito di Ligg Abraha. Taluni di essi si erano offerti di accompagnare i reparti del genio alle ricerche.

Un ascaro di Ligg Abraha si era affezionato come un cane al capitano Montanari perchè rassomigliava, diceva lui, a un altro fratello di Debeb, Abaguben; chiamava il Montanari "Abaguben" e non lo abbandonava mai.

Piano di Mesber.

Il nostro accampamento era posto nell'istesso luogo dove fu quello di ras Maconnen.

Appena arrivati, il ciccà del paese venne a dirci che presso all'accampamento giacevano degli altri cadaveri. Erano in 22, allineati, caduti combattendo, circondati da un'infinità di bossoli sparati. Erano quelli colla penna diritta, ci assicurò il ciccà. Una di quelle salme conservava nel brandello restatogli della giubba strappata un giornale coll'indirizzo: "al soldato Guarini Carlo, del battaglione Alpini."

Alla sera, triste sera! ripetevamo: Quanto morti! Non eravamo
ancora arrivati sul teatro principale della battaglia e nei nostri occhi
era solo scolpita l'immagine della ritirata, del timor panico.... della
fuga! Quell'orribile spettacolo ci aveva ammutoliti! La visione fune-
sta s'era enormemente ingrandita nella nostra mente. Ci pareva di
aver seppellito un esercito!

Ci guardavamo addolorati, pieni di sconforto! Con ansia vivissima,
al rapporto della sera, guardavamo le annotazioni che andava facendo il colonnello Arimondi dalle cifre che gli ufficiali dei varii reparti
gli comunicavano.

– Ma son soli 344! – disse qualcuno, alla somma fatta, quasi con
sollievo!

Pareva che fossero di più! Questa cifra rappresenta la maggior parte
dei feriti si sottraevano a nuove offese, ritirandosi!

– Ma certo! – dice Gabrè Sghear, – questo è nulla; i morti son laggiù, sotto al Rajo ed a Mariam Sciavitù.

Di quei 344, nessun cadavere aveva potuto essere identificato perchè spogliati tutti: qualche foglio sparso di libretto ferroviario accanto a qualche scheletro lo fece credere di un ufficiale.

Riunivamo gli oggetti rinvenuti coll'intento di trarne degli indizii.
Ma erano povere cose: carta e stampati inutili, dispersi fra i cespugli
e gli spini. Anche le carte da visita rinvenute non potevano dirci
nulla; si possiedono spesso nel portafogli carte d'altri.

Ma fra le carte inutili da me raccolte ve ne erano delle curiose....
segnatamente fra quelle perdute dal quartier generale:

[4] Questo telegramma completa in taluni punti quello interrotto e pubblicato nel *Libro Verde,
Avvenimenti d'Africa*, a pag. 123. Le parole in corsivo mancano nell'originale trovato, ma esi-
stono nel testo del *Libro verde*. Rispondeva al telegramma di Crispi in data 18 dicembre:

"Tu chiedi nuovi rinforzi senza specificarli, aspettando all'uopo che la situazione sia delinea-
ta. Le distanze dell'Italia a Massaua e da Massaua all'Abissinia sono tali che giova saper provvedere il bisogno.

Spiegati subito; ci va dell'onor tuo e dell'onore d'Italia.

Pare che nella tua mente ci sia confusione e incertezza: è tempo di provvedere.

CRISPI".

Ore 9 - 19. 12. 95
Crispi - Roma [4]

Nessuna incertezza dopo tuo telegramma di ieri. Nella mente mia situazione chiara, proposito fermo, confidenza grande tenere alto onore Italia.

Sconvolto da sconfitta Amba-Alagi mio piano concentrare truppe Makallè non mi restava che guadagnar tempo ad Adigrat per raccogliere... *numero forze*. Colonia, ritardare invasione, aspettare i rinforzi *della madre* Patria approfittare occasione propizia per ottenere vantaggi. Questo piano va svolgendosi con successo combinai con Ministro guerra spedizione nove battaglioni, tre batterie, essendo necessario più sollecitudine che numero pei motivi detti telegramma ieri. Ora dopo offerta Ministro guerra ed incoraggiamenti tuoi, chiesi altri cinque battaglioni e due batterie *da montagna*, specificando anche tutti relativi bisogni. Questa *truppa* ancorchè giungendo in ritardo potrebbe servire ad *incalzare operazione offensiva* e contribuire efficacemente NUOVA CONQUISTA...... [5]

Manca un pezzo e la firma, che invece esiste in quest'altro telegramma dello stesso giorno:

Ore 17. - 19.12.95
Esteri - Roma

Riservatissimo. – Sono lieto facoltà concessa passaggio per Zeila. Ma spedizione Harrar non potrebbe farsi in meno di 5000 bianchi che dovendo partire Italia non potrebbero esservi prima 10 febbraio distra-

---

[5] A questo telegramma fu riposto così:

Roma, 19 dicembre 1895.

"Il governo non intende far politica di espansione, nè fare spedizioni militari nell'interno dell'Abissinia. Intende chiedere al Parlamento solo i mezzi occorrenti per la difesa della Colonia, respingendo il nemico.

Telegrafi al Governo se, per questi soli obbiettivi, occorrono altri rinforzi, oltre i primi nove battaglioni e le tre batterie da montagna già in partenza, e questi.

CRISPI".

endo forza notevole teatro azione principale. Impianto a Zeila servizii sbarco approvvigionamento passaggio centinaio (o continuo?) truppe per territorio inglese parmi concessione assai maggiore che permettere ora sbarco........ per qualche giorno 300 uomini delle navi nostre di stazione Massaua. Quindi insisterei per questa concessione.

BARATIERI [6]

Una spedizione all'Harrar con soli 5000 italiani! Un'altra illusione che ci avrebbe fruttato una seconda Adua.

---

[6] Questo telegramma non apparve nel *Libro verde*.

XVI

NEL PIANO DI GANDAPTA

La notte si dormì poco: ardeva in tutti il desiderio di portarci sul teatro della battaglia.

Arimondi ordina la sveglia alle 3 e mezza. Alle 4 eravamo già in marcia; alle 5 sulle prime alture della catena del Gandapta: Enda Zabà.

Fino a quel punto, alle 23 della notte del 1.° marzo, l'esercito di Baratieri aveva marciato ben collegato: gli accessi al Gandapta in que-

Dal colle di Jehà.

sta zona sono piuttosto facili. Il generale Dabormida aveva preceduto le altre brigate, poichè sulla strada percorsa dalla sua colonna era possibile marciare per quattro, e facile lo spiegarsi.[1]

---

[1] Il colonnello Airaghi verso le 3 aveva potuto disporre i suoi battaglioni in colonna per compagnie.

Ma quegli accessi, nell'inoltrarsi, si restringono e salendo s'interseca una catena di cento coni rocciosi che intrecciano un labirinto quasi inestricabile. Là in mezzo le colonne serpeggiarono, rischiando di perdere l'orientamento.[2]

Attraversavamo gli avanzi degli accampamenti scioani, dopo tre mesi, come se fossero stati abbandonati la sera avanti. Fra i resti e le traccie dei fuochi, parte atterrati parte in piedi sono sparsi i piccoli *tucul* di paglia che gl'indigeni elevano rapidamente su tre forcine naturali tagliate dalle prime piante selvaggie che trovano a portata di mano. Sono *tucul* così angusti che sembra non vi ci possa aver ricovero che una sola persona malamente seduta, e invece vi dormono spesso in tre, aggomitolandosi.

Di questi *tucul* è seminato tutto l'intrico di avvallamenti che imbroglia la catena del Gandapta, e danno l'idea dello sterminato numero di scioani che l'occuparono.

Immaginavamo tutto quel popolo di neri addensati, gruppi su gruppi, come gli àcari in un cacio andato a male. Questo seminato di capanne non finisce mai, ci precede sempre nella nostra marcia per ore; ci precede e si addensa da ogni lato. La solitudine in cui è avvolta ora quella plaga, la strana apparenza di quel campo, insinua nel pensiero come la visione d'una immensa acropoli primitiva, improvvisata da un popolo di nomadi.

Il vallone di Jehà e il piano di Mesber sprofondano sulla nostra destra. Il sole che comincia ad apparire a tratti, tra le fessure delle balze, mitiga le frescure del mattino, che fra quelle gole ci avevano intirizziti. Inoltrandoci lasciamo una grande massa granitica al nostro fianco sinistro. Amba Luhuz, fino a che sbuchiamo in una insellatura del Gandapta: Tzà da Hamed. Di quassù si domina un largo piano, limitato, di faccia a noi e verso destra, da due masse spiccanti in tono nell'azzurro limpido del cielo.

– Il Rajo! Il Samaiata!

Restammo assorti in una contemplazione estatica davanti a quell'ampiezza nuova, tanto diversa dalle nostre aspettative, tanto difforme dalle linee già viste del paesaggio etiopico. Quello sfondo ci attirava come strana forza ipnotica.

Una roccia ergevasi a picco come un gran campanile scosso dal ter-

---

[2] La colonna di sinistra (indigeni) sviò presso il Gandapta piegando alquanto a destra o scendendo sulla strada assegnata alla brigata Arimondi che fu costretta ad arrestarsi per circa un'ora.

remoto; madreperlacea fra il gialleggiare della seccaia che ne invadeva le falde. Dietro, in parte mascherata dal gran picco, un'alpe maestosa, cerulea fra tenui avvolgimenti di caligine.

Quel gruppo di colli e di montagne ci appariva come un immaginoso artifizio di paesista del settecento, e come capriccio barocco di nubi gravide di pioggia.

L'indigeno, al cominciare del labirinto fantastico da cui scattano quei picchi convulsi e oppresso dallo spalto che gli preclude l'orizzonte, s'è dovuto fermare titubante al primo gradino, in basso, esclamando Rebbi Arienni! *Dio, fammi vedere!* E poichè gli venne concesso procedere, inerpicandosi fino all'amba prima, e di lassù ha potuto spingere lo sguardo fino al ciglione di Gundet, ad Adua, al Lasta, chiamò il picco Rajo, *veduta*.

Davanti al Rajo la massa misteriosa, altissima inaccessibile, gli fece balenare la visione della torre di Babele e la disse Samaiata: *in Cielo*.

Sotto di noi è il piano alido di Gandapta, ondulante di alte erbe perlacee che allividiscono al passaggio dei fiocchi radi delle nubi disperse nell'ampia vòlta del cielo. Sotto al declivio meridionale del nodo montano serpeggia una lingua verde, indizio dell'acqua che va a perdersi nelle fenditure, negli strappi profondi e nelle incrinature telluriche del letto di un gran fiume che più non esiste. Quel remoto angolo di terra lo chiamano Adi Bahari, paese di mare, per la molt'acqua che nasconde. Sugli avvallamenti, le lontane ambe radenti di Adi Nefas e di Gheddabbà, nel Faras Mai, *cavalleria d'acqua*, dove il Negus raccolse dopo la battaglia il suo esercito.

Rebbi Arienni è un gradino, un basso gradino, fra il Rajo e l'alto Esciasciò, alla nostra destra; di là si discende in una gola.

Quella pendice del Gandapta, da cui sbucavamo, porge a destra gli sproni al monte Tzà da Hamed e lo annoda all'Heiccià come una muraglia formidabile dominante e il Rajo e il Samajata e il Rebbi Arienni e l'amba Bairot, *monte degli schiavi*. Amba Bairot sta sotto il Rajo, come una cupola d'oro per i gialli delle seccale rutilanti al saettare del sole.

Il mattino del primo marzo aveva offerto questo quadro alle quattro brigate che s'erano affacciate dal gran bastione che lo domina.

Vedevamo il Rajo proiettare la sua ombra turchina su d'una insellatura, poi la pendice disegnare la curva di un poggio che col Rajo si allaccia: Mariam Cumbur. Dietro al poggio si delineava, indorata dai raggi del sole, un'amba lontana a tre vette.

– Come si chiama quella montagna? – domandai a Gabrè Sghear.

Lo schizzo topografico distribuito alla vigilia della battaglia.

– È il Chidane Maret, il vero Chidane Maret, *giuramento e perdono*.

– E l'altro Chidane Maret dov'è, quello che è segnato in questa carta? – E gli mostrai una copia dello schizzo improvvisato il 20 febbraio a Saurià.

– Non ne esiste che uno.

– Ma non c'è un'Enda Chidane Maret?

– Sì, l'*Enda*, la chiesa, la tribù, la regione, è.... a Chidane Maret.

Gabrè Sghear ha il suo taccuino, e disegna anche lui mentre tento della stenografia pittorica e delle negative.

– Vedi, – dice, – laggiù a sinistra, verso Adi Bahari? Quella è la strada che fece il generale Albertone nell'avanzarsi.

Seguendo il verde dell'acquitrino il generale Albertone s'era diretto a Mai Emò e Adi Bahari, girando a sinistra l'amba dorata, il Bairot, e internandosi fra le due pendici del Rajo e del Samaiata; là in mezzo v'è un profondo avvallamento.

Scendemmo dall'altura di Tzà da Hamed per il colle di Jehà nel piano giallo sottostante al Rajo. I capi indigeni smontano dalle loro cavalcature e chinandosi a terra strappano le nane ombrellifere di acutissimo odore di cui è pieno quel piano, e le portano al naso. Questa precauzione, a loro insolita, era eloquente. Noi ci inoltravamo in luoghi dove la mefite sarebbe stata insopportabile, anche agli stessi indigeni che fin'allora non avevano dato prova di olfatto delicato.

Ci fermiamo al Rebbi Arienni, salendo per la lieve sua gobba. Là sotto siamo dominati da alture: a destra dall'Esciasciò e a sinistra dal Rajo, di fronte a noi un'aspra discesa, sotto alla quale si allarga una piccola conca il cui fondo è acquitrinoso. La conca si va a poco a poco restringendo verso occidente, richiudendosi là dove la propagine del Rajo si spinge verso il versante destro del vallone. Il sentiero scosceso procede sempre lontano verso una stretta, dopo cui si stacca e s'insinua fra i toni bruni delle montagne la lingua verde dell'erba umidiccia che conduce a Mariam Sciavitù. Al valico del Rajo si accede per tortuosi e scabri gradini naturali appoggiati, sulla destra, alla mammella di selce: Mariam Cumbur.

Dove eravamo noi, si era fermata la mattina del 1.° marzo alle 5 e mezzo la brigata Dabormida. Di qui, dopo le 7, s'intesero verso sinistra, dietro il Rajo, le prime fucilate della brigata indigeni che aveva proceduto da Mai Emo.

Eravamo *incassati* fra il Rajo e l'Esciasciò. Il Rajo a sinistra, e il nodo dell'Esciasciò a destra e di faccia bastioni formidabili che ove

fossero stati occupati dal nemico, l'avventurarsi per l'aspra discesa
sarebbe stato esiziale.

Ma se alle 5 e mezzo del mattino il Rajo e il Samajata, l'amba

Il tenente colonnello Menini.

Bairot, Mariam Cumbur e l'Esciasciò non erano in potere del nemico, lo furono, pur troppo, più tardi, nel meriggio di quella giornata
fatale. In quel punto stesso e al margine della discesa dal Rebbi
Arienni eranvi i segni della carneficina!

Qua attorno, sotto il cielo lucente, fra il silenzio profondo, come
per virtù di magia, ogni cosa che può narrare della difesa disperata dei
nostri e della ferocia del nemico, rimane intatta.

Tutto ivi parla di lotte accanite e di resistenze, di valore e di eroismi estremi.

Giù per le roccie rotte del Rajo e del Rebbi Arienni stanno corone di scheletri allineati, come a Dogali, fra un seminato di pacchi vuoti e di bossoli sparati: scaglioni di resistenza suprema i cui difensori giacciono colla fronte rivolta al nemico che feroce irrompeva da tutte le cime intorno.

Qui dove furono spese tante energie, tanta forza, tanto valore, tanto eroismo, resta una miseria di mummie e di ossa, fra le baie carcasse dei muli e le bianche carogne dei cavalli galla, un orrore di avanzi che si somigliano e si confondono!

Ed eravamo venuti per rintracciarvi, o valorosi fratelli. O Cimberle, o Sansoni, dove siete? Voi che porgevate aperti i pacchi delle cartucce ai soldati per far più presto a difendervi. Compiano, dov'è Compiano? Chi sarà fra questi? "Su, ragazzi, tu gridavi prima di morire, forza! oggi andremo a mangiare le pesche ad Adua!" E sei rimasto qua, fra queste zolle desolate di martirio!

Dov'è Nastro? Egli deve ancora impugnare il revolver, e attorno a lui devono esservi venti galla e amarà atterrati. Chiamiamoli a voce alta: Pastore! Corsini! Perle! Baudoin! Viancini! Serventi! Cancellieri! Cerrina! Lamberti! Acerbi! Franzini! Arimondi!... Ma i morti non rispondono!

Le compagnie del genio s'erano arrestate alla testata del vallone di Jehà pel gran numero di cadaveri che reclamavano sepoltura.

Era quello l'imbocco della grande arteria della ritirata dove venti volte fu tentata la resistenza e venti volte la ressa e lo scompiglio l'impedirono, mentre il nemico, la cavalleria galla, incalzava in giro, fin dal lontano verde burrone di Mai Emò e Adi Bahari.

– *Alt!* Nel nome sacro d'Italia, respingiamo la cavalleria! – gridavano Brusati, Stevani e De Stefano, tentando di proteggere la bandiera che era stata spiegata per riunire attorno al comandante in capo un centro di resistenza. E per un momento i soldati, che non si rendevano conto del disastro, gridarono: Viva Baratieri!

E la cavalleria nemica per un momento s'era arrestata. Ma erano quelli gli ultimi conati e la bandiera dovette esser tolta e la ritirata proseguita! Proseguita lentamente, attraversando mille pozzanghere cieche, dove i nostri muletti affondavano a mezzo, ora, che da cinque mesi non pioveva e i pantani s'erano abbassati. Là molti dei nostri, incalzati, abbandonarono le scarpe e le armi per liberarsi dai limacci e dal fango.

Ma la cavalleria nemica aveva ricominciato la strage; non c'era momento, ci narra il capitano Angherà, in cui non cadesse un soldato colpito da palla o da lancia. La lotta corpo a corpo continuava accanita. Perle, Amatucci, Oggioni, Ferraccioli in coda con alcuni dei

— Avanti, i miei alpini.

più animosi gettavano di sella i cavalieri galla più vicini.

Perle e Amatucci caddero dopo avere sparato tutti i colpi della rivoltella. Il colonnello Brusati ed altri ufficiali erano stati liberati venti volte dai loro fedeli soldati!

Gli stanchi e coloro che non avevano potuto liberarsi dai pantani erano stati sciabolati sul posto dove erano caduti.

Per indicazioni avute a Senafè dal maggiore De Stefano cercammo, inutilmente, le salme del capitano Ghinozzi, del tenente Rasponi, del sottotenente Mazzoleni che il maggiore mi aveva detto erano spariti in quei pressi. Ma le ricerche erano vane! Quello era un macello dove tutti gli avanzi erano accavallati e confusi.

I poveri resti son tutti denudati e fa strano e pietoso contrasto uno scheletro che calza i guanti da ufficiale e un brandello di mutande colle iniziali T B.[3]

Il collo di quella valle è umido e tetro, il sole durante il giorno rare volte vi penetra; il massiccio del Gandapta lo copre al mattino e quello dell'Heiccià lo copre alla sera. Dalla scarpa orientale del Tzà da Hamed scendono alla valle di Jehà, come anelli irregolari, innumeri balze a gradini; nell'ultimo di questi, presso ad un rio, il capitano Angherà ci mostra una fila di scheletri.

– Qua, – dice, – deve esser caduto il colonnello Menini degli alpini, quella splendida figura di soldato trascinavasi sulle ginocchia ferito alle gambe, incitando i suoi alla resistenza col grido ripetuto di: *Avanti i miei alpini!*

I soldati del genio all'indicazione di Angherà si chinano quasi a voler interrogare uno per uno quei poveri scheletri irriconoscibili. Le ricerche per ritrovare la salma dell'eroe che li comandava riescono vane: tutti li aguaglia, ufficiali e soldati, la tetra sembianza della morte!

Per il nostro accampamento era stata scelta l'acqua di Mai Emò, dove il terreno s'incassa e l'acqua del piano cade in due salti sotto un alto sicomoro.

Lasciai i tenenti Abate-Daga e Zicavo colle loro sezioni al duro e faticoso lavoro del seppellimento, sotto un sole inclemente; più in là, passando fra alte, gialle erbacce del piano, i tenenti Ricci e Guarini gocciolanti di sudore coi loro zappatori portavan sassi insieme ai soldati ed elevavano tumuli. Le corone e le croci avevano mutato il gran piano in un vasto camposanto.

---

[3] Furono trovati cadaveri che da alcuni indizii si credette di poter identificare. Si credette aver trovato la salma del capitano Grossi che è vivo e comanda l'8.° battaglione indigeni! quella del sottotenente medico Zarich che era prigioniero del Negus e che ritornò ora felicemente in Italia col primo scaglione, da Adis Abeba.

Il colonnello Arimondi era scomparso: s'era arrampicato sul Rajo.

Gabrè Sghear gli aveva indicato il luogo ove il generale era caduto, ferito al ginocchio destro, e ove probabilmente aveva trovato la morte fra la procella dell'oste nemica. L'interprete gli aveva confermato il racconto fatto in sua presenza da Degiacc Tedla Abaguben, davanti a ras Mangascià. Tedla aveva detto che il generale Arimondi era stato fatto seppellire da lui stesso il giorno dopo la battaglia, vantandosi dell'amicizia del valoroso generale.

Ma Arimondi ritornò all'accampamento con aspetto desolato; non aveva trovato nulla.

Era arrivato fra noi un pezzo grosso: Bigirondi Burrù, segretario e cassiere di Mangascià, con 24 tigrini armati di fucili francesi Gras e di Remington.

Attorno al capo i suoi seguaci esercitano ogni deferenza: in pochi istanti elevarono venticinque *tucul* di paglia e stesero tappeti nel giaciglio di Burrù.

Bigirondi Burrù s'è affrettato per ordine del ras suo padrone a correre in nostra difesa dopo l'avvenuto incidente di Adi Cocmà. Comunica al colonnello che Mangascià ordinò a ras Alula di consegnargli 8 prigionieri, fra cui il tenente Lori, ma suppone che Alula l'abbia fatto procedere per Adiqualà; però ha portato con sè tre prigionieri[4] e una lettera del ras a Gabrè Sghear e ad Asselafi Ailù. La lettera è assai tenera, come si vede dalla traduzione che ne fece, in un italiano sciancato, il Gabrè, in fondo al testo abissino.

> Mandata da Ras Mangascià figlio di Giovanni Re di Scioa, Re dei Re di Etiopia. Che arrivi ai nostri amici Gabrè Sghear e Asselafi Ailù. Come state? Io sto bene grazie a Dio. Ho ricevuto la lettera che mi hai mandato. Per la vostra venuta non soltanto una volta ho scritto, ma ho scritto 1, 2, 3, 4, volte a Ras Alula. Ho fatto aspettare fino ad ora i prigionieri italiani senza restituirli, perchè si trovavano ammalati, non per altre male intenzioni. Ed ora consegnate pure i prigionieri che si trovano a Jehà ed Entisciò, ecc. (Tigrè) ed ho scritto anche a Ras Alula che li consegni. Prego tanto di salutarmi tutti quelli ufficiali che sono venuti con voi altri, di più al colonnello Arimondi e al capitano Angherà. Caro

---

[4] Caporale Bonzano Luigi del 64.° reggimento fanteria da Terruggia (Alessandria) guarito da una ferita d'arma da fuoco; soldato Morandi Giuseppe del 14.° battaglione fanteria Africa ferito da arma da fuoco; soldato Farina Cesare del battaglione cacciatori.

Gabrè Sghear, ti prego di consegnarlo ad Asselafi Ailù e fai che accontenti tutti gli ufficiali che sono qui. Perchè tu sai quello che noi abbiamo parlato con il mio amico maggiore Salsa. (Scritto 26 Gihnbot 1888 anno di perdono) – 1.° giugno 1896.

Ma capitano a proposito tre camorristi neri che hanno fermato per

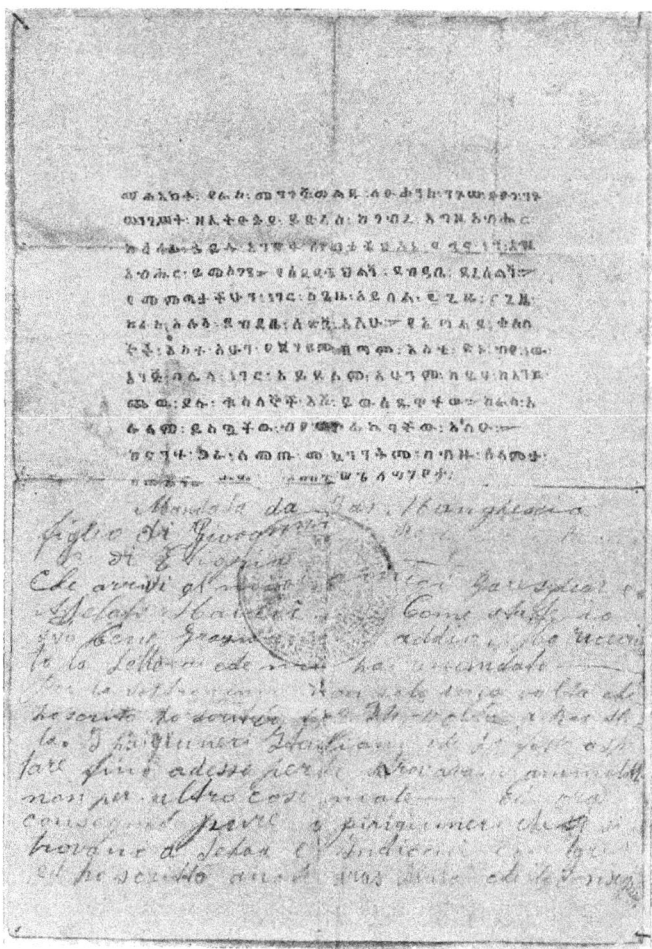

istrada e fatto retrocedere il corriere che suol mandare giornalmente il colonnello Arimondi al generale Baldissera. Quel giorno il colonnello aveva fatto cambiare strada ai suoi rapporti dirigendoli al Mareb, dove vigilava e ci aspettava il tenente Mulazzani colle bande del Saraè.

Quella brava gente vuole dei *filus*, dei talleri, per far procedere il nostro corriere. Questo non era nei patti, dicono, ras Alula nostro padrone non vi ha concesso il privilegio di corrispondere impunemente coi vostri. O pagate, o non passano corrieri dalla nostra strada!

Ma avevano fatto i conti senza Bigirondi Burrù ed Asselafi Ailù, e... se ne tornarono alle loro tane colle ali abbassate.

Ma non a tutti, i due sottocapi di Mangascià, impongono soggezione: vengono indigeni ad offrirci in vendita sfacciatamente orologi rotti, pugnali baionette, biglietti di banca stracciati e inzuppati di sangue.

Conoscono bene il valore dei nostri biglietti di banca quei mariuoli, ma la loro dottrina non arriva al punto di farli accorti che mezzo biglietto non val nulla, e chiedono cinquanta lire, di mezzo biglietto da cento e venticinque lire di mezzo da cinquanta!

Respinti, non si allontanano che di pochi metri e con una costanza e una imperturbabilità straordinaria aspettano probabilmente, seduti sugli stinchi, che ci passi la collera.

I nostri ufficiali, colle loro compagnie, rientrarono tardissimo; i loro rapporti davano una somma di 765 cadaveri sepolti, fra cui 33 di indigeni.

La ricerca delle vittime era stata iniziata in senso inverso del procedere degli avvenimenti della giornata del primo marzo. Avevamo cominciato ad esplorare il vallone di Jehà, il piano di Mesber e la valle di Bitale, dove cioè s'erano ridotti gli avanzi dei nostri battaglioni dopo la disfatta.

Quel giorno era stata esplorata la testata del vallone di Jehà, e il piano di Gandapta e il Rebbi Arienni, dove il frammischiamento, la confusione, lo scompiglio, fra l'incalzare delle orde nemiche, precipitanti come valanghe da tutte le alture e sbucanti da tutte le valli, avevano determinata la rotta.

In quel campo maledetto, fra lo spettacolo di tanta sciagura, non avevamo potuto farci che un'idea confusa degli avvenimenti, non era stato ancora possibile ricostruire l'andamento della battaglia. Così come coloro che combatterono, che, sopraffatti e travolti, non poterono rendersi conto di nulla, piangendo di dolore, come il capitano

Acerbi, nel vedere come tutto era finito e la resistenza impossibile.

Ma se negli occhi nostri era scolpita l'immagine della strage nelle sue espressioni più crudeli, e se il nostro sguardo pauroso rifuggiva, quella sera, dall'avanzare fra i contorni selvaggi di quel piano maledetto, la silente natura sfoggiava la sua indifferenza suprema coll'apatia stellata dell'ampia volta del cielo.

XVII

SUL RAJO

Alle 5 e mezza del mattino del 1.° marzo il colonnello Valenzano, mentre la brigata Dabormida arrivava al Rebbi Arienni, s'era portato

Il Gandapta dal nostro accampamento di Mai Emò.

su di un'altura a cupolino che chiamano Bellah, a fianco di Mariam Cumbur: il protendimento del Rajo. Di lassù il capo di stato maggiore era andato a farsi un'idea del terreno d'azione.[1]

Il colonnello Arimondi indicò al tenente Rescaldani il Bellah come stazione adatta per l'esecuzione del rilievo topografico. Lo seguii; a

---

[1] Era accompagnato, dissemi, dal tenente Marozzi e dal signor Bocconi di Milano.

sinistra del sentiero, a un terzo circa della strada che da Rebbi Arienni conduce a Mariam Sciavitù, un sicomoro segna lo svolto e la salita al colle. Lassù, in quel cucuzzolo, v'è come una specola di indigeni, circondata da un muro a secco. Di là, guardando a mezzogiorno e di faccia, appare un nuovo curioso intreccio di avvallamenti: un monte rossastro quasi a toccarlo, altri monti si allontanano riparandosi l'un dietro l'altro.

Sta di fronte una gialla cortina, quella di Adi Becci, da cui vennero i primi fragori di battaglia e da cui sgorgò la prima fiumana del disastro.

A sinistra scende l'ultima scarpa del Rajo: Mariam Cumbur; a destra appare l'incollatura della valle profonda di Mariam Sciavitù.

Nel basso, davanti, passa il Mai Avollà tra Mariam Cumbur e il Derar, girando largo a sinistra sotto la fronte meridionale del Rajo e verso Adi Bahari e Mai Emò, unendosi a destra al serpeggiamento palustre che da Rebbi Arienni si allontana verso Mariam Sciavitù.

L'avvallamento che da Mai Avollà porta ad Adi Becci e al vallone di Latzate[2] e la stretta di destra, fino al vallone di Mariam Sciavitù, sono separati da una catena di tre montagne che si seguono l'una dopo l'altra: il Derar, il Nasraui, o *Nazaret*, e il Gossosà. Dopo, più lontano, il colle di Chidane Maret, e in fondo velato d'azzurro e di lacca, la vetta di Abba Carima.

Dall'altura del Bellah l'andamento della battaglia cominciava a spiegarsi. Il generale Albertone, superando l'incassatura dove corre il Mai Avollà, salì la cortina gialla a noi di faccia in direzione di Chidane Maret e di Abba Carima, fra il Samajata e il Nasraui, coprendo la fronte nostra e la fronte del Rajo.

Il colonnello Valenzano aveva visto di quassù, dal Bellah, l'avanzarsi della colonna della brigata Albertone.

La brigata Dabormida a quell'ora, 6 ¼, era ammassata sul colle Rebbi Arienni, e tutto taceva al sopraggiungere del generale Baratieri che col suo stato maggiore veniva dal piano di Gandapta. Il colonnello Valenzano tornò a riferire al comandante ciò che aveva veduto; Baratieri in quel momento conferiva col generale Dabormida, che a sua volta si era spinto verso il Bellah. Subito dopo, la brigata muove avanti, abbandonando il Rebbi Arienni.

La 2.ª brigata procede sulla strada alla nostra destra, verso Mariam

---

[2] Il vallone di Latzate è dietro la cortina di Adi Becci, dal Bellah, non si vede. Il Latzate, da cui la valle prende il nome, si allaccia al Chidane Maret. Vedi capitolo XIX.

Il Rajo visto dall'Esciasciò.

Sciavitù, lasciando sulla sua sinistra il Bellah e l'imboccatura del Mai Avollà, allo scopo di compiere il largo giro ad occidente dei monti Derar, Nasraui e Gossosà e per portarsi in pari altezza della brigata Albertone. Poco dopo cominciano ad udirsi i primi fragori di batta-

Il maggior generale Arimondi.

glia: la fucilata e il rombo del cannone della brigata indigeni sulla direzione di Adi Becci e Chidane Maret.[3]

Che cosa avveniva frattanto al Rajo?

Il Rajo a sinistra del Bellah, dominando Adi Becci, s'alza come torre piegata verso oriente; sul suo fianco occidentale s'apre il valico da cui

---

[3] Il generale Valentino Chiaia, in un dotto suo studio sull'azione della brigata Dabormida in quella giornata, riassume e precisa, nella loro successione cronologica, i fatti che si svolsero in quel primo momento dell'azione, cioè dalle 5 e mezzo alle 7. — *Il generale Dabormida nella giornata del 1.° marzo 1896.* Roma, Enrico Voghera.

si discende verso l'incassatura tra il Samaiata e il Nasraui. A destra del valico protendesi la dorsale di Mariam Cumbur, essa guarda il primo sprone della catena montana che si allaccia al Derar. Al generale

Il colonnello Brusati.

Arimondi fu ordinato di occupare colla sua brigata il valico e la dorsale; alle 9 e mezzo l'ordine era eseguito solo a metà, quando cioè dalla cortina di Adi Becci cominciò ad effettuarsi la ritirata della brigata indigeni, ritirata che man mano appariva sempre più scomposta e disordinata.

Il colonnello Brusati occupò, con due battaglioni, le falde della roccia, il colonnello Stevani poi coi suoi bersaglieri avviossi verso il colle di Mariam Cumbur. Al maggiore Galliano, col suo battaglione indigeni, fu dato ordine di collocarsi a sinistra delle batterie, sul fianco meridionale del Rajo.

Nel centro del valico avvi un'ampia roccia di granito quadrangola-

re, da cui il generale Arimondi vedeva sempre più manifestarsi la ritirata degli indigeni di Albertone.

La destra era già minacciata, l'avvolgimento iniziato. Il tenente
Marezzi e il capitano Angherà, mandati verso il Bellah per Mariam
Sciavitù a portare ordini al generale Dabormida, erano già stati sviati
verso l'Esciasciò dagli Abissini che avevano occupato il monte Derar
e Mai Avollà di faccia a Mariam Cumbur, girando il passaggio del
Bellah e rompendo il collegamento colla 2.ª brigata.

La ritirata precipitosa degli indigeni dell'Albertone assumeva sempre più aspetto di vera fuga, incalzata alle reni e accerchiata.

Mentre la brigata del generale Arimondi saliva sul Rajo e su
Mariam Cumbur, la brigata di riserva, comandata dal generale Ellena,
lasciava, le ultime pendici del Gandapta e occupava le posizioni
lasciate da Arimondi.

Primi ad occupare il Rajo furono i due battaglioni del reggimento
Brusati: Viancini e Baudoin, seguiti poi dal 1.° battaglione bersaglieri comandato dal maggiore De Stefano che potè arrivarvi verso le 11,
quando l'esercito scioano era di già pervenuto fin sotto al piano di
Mai Avollà e premeva alle spalle i resti della brigata indigeni. I battaglioni aprono il fuoco a salve di plotoni mentre le prime sommità del
Mariam Cumbur vengono occupate da tre compagnie del 2.° battaglione bersaglieri comandate dal tenente colonnello Compiano.

Fin dall'arrivo al valico del Rajo, le truppe che erano allo scoperto,
cominciarono ad avere delle perdite; caddero il tenente Pavoni a due
passi da Brusati e da Arimondi, il capitano Scalettaris, il sottotenente
Della Chiesa d'Isasca, appena pronunziata dopo la terza o quarta
volta il comando *foc!*

Benchè la linea di fuoco si fosse fin dai primi momenti assottiglia-
ta, pure avea arrestato l'inseguimento degli Scioani contro gli indigeni nella conca. Il nemico, fermato nella pianura, appoggiò man mano
con grossi nuclei verso la sua sinistra, incastrandosi fra la brigata
Arimondi e la brigata Dabormida, giù e sopra del Derar.

Quando arrivò il comando in capo al valico del Rajo scendendo
dall'Esciasciò (dove s'era portato per esaminare la situazione e prendere una decisione) salendo gli aspri dirupi che vi accedono, il movimento di ritirata degli indigeni non era ancora pronunziato, poco
dopo appariva la lunga fila dei feriti e dei fuggiaschi che da Adi Becci
si dirigeva allo sprofondamento antistante al Rajo e verso Mai Emò.[4]

---

[4] Vedi nota in fine del capitolo.

Le ambe Gossosà e Nasraui sono gremite di nemici, grossi nuclei attorniano i loro capi pronti a lanciarsi all'assalto; il Baratieri le crede Abba Carima e Scelloda, come crede che dietro Adi Becci, s'apra subito la conca di Adua.[5]

Gli Scioani avevano cominciato a guadagnare le pendici del Kaulos e del Samaiata, coperti dai grandi massi di quelle alture addensando-

Fronte meridionale del Rajo. Posizione del generale Arimondi e dei battaglioni Brusati, visti dalla cresta del Mariam Cumbur.

si sempre più minacciosi, finchè quel nembo si mutò in valanga che travolse completamente gli indigeni. Confusi i nostri cogli inseguitori, scendevano fin sotto al Rajo, così che le batterie furono obbligate a cessare il fuoco temendo di colpire i nostri.

Non giovarono gli sforzi degli ufficiali ad arrestare l'onda fuggente degli indigeni, travolti dalla furia selvaggia degli Scioani irrompenti

---

[5] Insisto nei particolari topografici, dice nella sua autodifesa il Baratieri, perchè mancando una carta dettagliata, senza di essa non si potrebbe seguire il corso del combattimento!

da tutte le alture, da tutti i passi, urlando ferocemente, incalzando, avviluppando i reparti isolati, insinuandosi fra le colonne e fra i battaglioni. I vinti arrivavano frammischiati ai vincitori!

I battaglioni del reggimento Brusati e i bersaglieri di Stevani conservavano nonpertanto tutto il loro sangue freddo e continuavano un fuoco nutrito, micidiale. Qui però il battaglione Galliano, che copriva il fianco sinistro dei battaglioni Brusati cominciò a perdere terreno; i bersaglieri di Stevani vengono fulminati dal monte Derar.

Il generale Arimondi assisteva impassibile alla lotta ineguale inviando il proprio aiutante di campo capitano Zanetti a sollecitare i reparti che salivano.

Frattanto il colonnello Brusati collocava l'artiglieria chiedendo appoggio alla sua sinistra minacciata.

Gli Scioani avevano raggiunta la sommità del Rajo fulminando i nostri anche dall'alto. Cadono il maggiore Boudoin colpito al cuore; cadono i capitani Plazzini, Cancellieri, Cerrina, Serventi e quasi tutti i subalterni del 9.° battaglione fanteria. Cadono i tenenti Sansoni e Cimberle colpiti al petto. Cade il maggiore Viancini; il tenente colonnello Compiano riceve una palla nella gamba destra, ma non lascia il battaglione. Il caporale maggiore Milani ed altri bersaglieri gettano presso gli ufficiali i rispettivi tasca-a-pane, pregandoli di spacchettare le munizioni. I bravi soldati non tentennano, raddoppiano sempre di ardore. Il bersagliere Orrico[6] scommette con un suo compagno di colpire un capo scioano vestito di rosso, e vince la scommessa. Il furiere Cattaneo riesce a portare un avviso all'aiutante maggiore, capitano Regazzi, e ritorna al posto di combattimento benchè ferito alla bocca da un colpo di lancia.[7]

Ma gli eroismi dei nostri non bastano a far retrocedere tanti nemici. Sulla posizione occupata occorrono ben altri battaglioni. Approfittando dell'intervallo fra i due esili nuclei della forza che in quel momento vi rimaneva, i nemici, scivolando come serpi fra i grandi margini e le ondulazioni del terreno, vi si insinuano. È il momento decisivo: la massa scioana si riversa con un sol grido sui pochi avanzi italiani, impegna la zuffa feroce sulla fronte di combattimento, i nostri lottano corpo a corpo, col coraggio della disperazio-

---

[6] Il prigioniero che avevamo liberato a Entisciò.

[7] Vedi nota in fine di capitolo.

Il tenente colonnello Compiano.

ne, da veri leoni; premuti sulla fronte e sui fianchi, subiscono perdite enormi, e vengono respinti giù nella valle, il tenente colonnello
Compiano, colle ginocchia e la mano sinistra appoggiate a terra, si
difende eroicamente a colpi di sciabola, fino a che un colpo di lancia lo fa stramazzare al suolo. Gli Scioani gli si stringono attorno cre-
dendolo un capo, poichè portava la tenuta d'Italia, coi paramani
rossi.

Il 1.° battaglione bersaglieri, battuto di fronte e nel fianco destro,
non vedendosi più sostenuto da nessun reparto, cominciò a discendere giù pei dirupi, cercando sempre nuove posizioni di difesa, schie-
randosi e facendo fuoco per quei gradini orribili.

Caddero: Nastro, Pastore, Sironi, Corsini, Bertone. Il colonnello
Stevani e il maggiore De Stefano tentavano di raccogliere i loro bersaglieri.

– Fermiamoci qui, – essi dicevano, – arrestiamo il nemico, diamo
tempo agli altri di ritirarsi!

Il colonnello Romero.

– Viva Lamarmora! – rispose un centinaio di bersaglieri che si tenevano vicini ai loro capi.

Uno dei battaglioni del colonnello Brusati (il 9.°), di scorta alle batterie, impegnato in terribile lotta corpo a corpo cogli Amara era già quasi distrutto, tutti gli ufficiali caduti. I pochi superstiti resistevano ancora coraggiosamente per difendere le artiglierie. Il 2.° battaglione dello stesso reggimento aveva perduto metà dell'effettivo compreso il proprio comandante, ma teneva tuttora fermo sull'alto, malgrado che il nemico, respinti colla enorme superiorità di numero i bersaglieri, lo premesse di fronte e di fianco.

Tutta la posizione non era più sostenibile, e il comandante in capo col suo stato maggiore cominciò a discendere verso Rebbi Arienni.

Alla brigata di riserva, Ellena, vennero mandati ordini di avanzare in quel terribile frangente!

La 3.ª brigata si trovava ammassata al colle di Rebbi Arienni, preceduta dal 3.° battaglione indigeni e dalle due batterie a tiro rapido inviate a rincalzo della brigata Arimondi.

Il 4.° reggimento, comandato dal colonnello Romero, verso lo sbocco ovest del colle di Rebbi Arienni, si vide subito obbligato ad arrestarsi e aprire il fuoco contro quel corpo di Scioani che aveva di già girato il Mai Avollà minacciando il tergo delle posizioni tenute ancora dalla brigata Arimondi.[8] Il 15.° battaglione venne intanto inviato verso l'ala destra della brigata Arimondi, mentre due compagnie di alpini al comando del capitano Cella si spingevano sulla sini-

Il colonnello Galliano.

stra per sostenere il 3.° battaglione Galliano, composto dei valorosi difensori di Macallè, che ritiravasi incalzato dai nemici. Il 5.° reggimento, ridotto a sole cinque compagnie, verso le ore 11 riceveva ordi-

---

[8] Solo poi, qualche battaglione del 4.° reggimento Romero potè proteggere alla meglio le truppe che si ritiravano.

ne di avanzare verso monte Rajo. La battaglia assumeva in quel momento un aspetto dei più critici e più terribili. Il nemico, penetrato nelle posizioni, incalzava le nostre truppe giù per le pendici di Mariam Cumbur, ove il terreno non offriva alcun appiglio ai nostri. Pochi nuclei di truppa dei battaglioni di Brusati, colle artiglierie a tiro rapido e i bersaglieri, si battevano ancora disperatamente e cercavano trattenere la fiumana nemica che sempre più dilagava. Il colonnello Nava, alla testa del 16.° battaglione e della 1.ª compagnia alpina, avanzò audacemente colle sue truppe al grido di *viva il Re! viva l'Italia!* formidabilmente ripetuto dai soldati.

Cominciò la penosa ascesa del monte Rajo, fra il grandinare delle palle; precedeva il battaglione la 3.ª compagnia comandata dal capitano Rizza, ma poco dopo dovè sostare, e schierarsi a mezza costa aprendo il fuoco sugli Scioani, lontani soltanto trecento metri.

Il colonnello Nava e il capitano Rizza incuorano la catena che cominciava a subire perdite considerevoli; fra la confusione e le urla assordanti del nemico, tra il frastuono delle fucilate, e il rombo delle ultime cannonate delle batterie Loffredo, Mangia e Aragno.

Le due batterie a tiro rapido della brigata Ellena avevano potuto prendere a stento posizione. Si trovarono esposte subito al fuoco degli Scioani che prorompeva denso da due a trecento metri di distanza. Quasi tutti gli ufficiali, i graduati, molti serventi, conducenti e non pochi muli furono colpiti, tuttavia i pezzi continuavano il fuoco. Gli Scioani però avanzavano sempre e si addensavano, facendo fuoco ininterrotto: caddero sui pezzi i capitani delle due batterie Aragno e Mangia; i tenenti Fontani e Gennari. Ma sul valico del Rajo si retrocedeva e alle due batterie non restavano che pochi serventi, e due o tre muli; pure continuarono il fuoco finchè gli Scioani giunsero sopra i pezzi e sciabolarono i cannonieri. Il sergente Pannocchia, abbracciato al suo pezzo, già smontato dall'affusto, scottante, infuocato per i molti colpi sparati, tenevalo avvolto nella sua mantellina. Invano il tenente Scalfaro lo esortava a lasciare il pezzo e a mettersi in salvo; egli non volle staccarsene, e abbracciato al cannone, fu ucciso a sciabolate.

I nostri soldati, calmi ed ubbidienti ai loro ufficiali, cessavano o riprendevano il fuoco al segnale del fischietto. Gli avanzi delle compagnie, appoggiati ad alcuni ruderi di capanne abissine, tentavano trattenere la fiumana nemica. La lotta in quel punto assume aspetto disperato: al fuoco si risponde attaccando alla baionetta; i soldati animati dai loro ufficiali, che ormai votati alla morte la sprezzano, adoperano i fucili come clava contro i furibondi nemici. Ma nuovi nemici com-

Episodio del sergente Pannocchia.

paiono sempre, ai fanti si uniscono i cavalieri galla, che circondano i pochi superstiti, costretti ormai ad aprirsi un varco e difendersi.

Nel breve piano che corre dalle ultime pendici del Rajo allo sbocco del colle di Rebbi Arienni, era avvenuta la maggiore strage dei nostri valorosi soldati!

Gli eventi del Rajo si riassumono così:

I due primi battaglioni arrivati, comandati dal loro colonnello Brusati, avevano preso posizione l'uno a destra (2.°) l'altro (9.°) dinanzi e a protezione dell'artiglieria; da soli ricevettero l'urto della massa nemica rovesciatasi da Adi Becci, e furono sacrificati pei primi.

Là sotto, le sole sezioni dei tenenti Zicavo e Abate-Daga furono occupate una giornata intera a seppellire.

Gli indigeni, comandati dal maggiore Galliano, collocati sulla pendice meridionale della rupe, sulla sinistra dei due battaglioni Brusati,

Il colonnello Nava.

appena si accorsero dell'aggiramento iniziato dal nemico, abbandonarono la posizione, sfuggendo di mano al loro comandante.

Una compagnia del 2.° battaglione bersaglieri, comandata dal capitano Fiori che potè arrivare a destra dell'insellatura, al principio della dorsale di Mariam Cumbur, appena occupata la posizione fu chiamata indietro e non ebbe mai pace in tutto il tempo che durò l'azione, per gli ordini e contr'ordini di spostamento che riceveva da venti comandanti: avanti, indietro, a destra, a sinistra!

Il 1.° battaglione bersaglieri salito più in alto, al principio di Mariam Cumbur, col colonnello Stevani e col maggiore De Stefano, fu costretto ad arrestarsi. Chi arrivò, con grandi sforzi, alla cima di Mariam Cumbur fu il tenente colonnello Compiano col capitano Fabroni; ma fu valore sprecato.

Questa tutta la forza che potè coronare il Rajo e che per due ore potè tener fermo l'irrompere degli Abissini, scendenti da Adi Becci, dal Kaulos e dal Derar. Poi la enorme massa nemica insinuandosi a gruppi, a frotte, da Mai Avollà fra i mille nascondigli e *angoli morti*, che sono ad occidente sotto al Rajo, riunendosi a poco a poco in dense masse, imprese l'assalto dalla dorsale di Mariam Cumbur, investendo pei primi i 40 bersaglieri del tenente Sansoni, che coronavano quella vetta, avvolgendo, annientando quel pugno di valorosi.

Questo assalto determinò la ritirata.

Tutto ciò avviene nel breve tempo di poco oltre due ore, dalle 10 e un quarto circa alle 12 e mezzo. Là dinanzi allo spettacolo del macello cade fra i suoi soldati il generale Arimondi.

Il comando in capo aveva intanto cominciato a discendere dall'amba per la via già percorsa il mattino nel salire, protetto dal colonnello Stevani, dal tenente Benini e da una trentina di bersaglieri. In quel mentre il colonnello Brusati coi resti del suo reggimento inerpicatosi sulla falda settentrionale del Rajo ove erano alcuni tucul diruti, tentava nuova resistenza. A lui eransi uniti anche molti del reggimento bersaglieri.

E l'azione della *riserva*?

La brigata di riserva era stata scompaginata. Erano stati chiamati troppo tardi e inopportunamente alcuni suoi reparti a salire il Rajo, altri nuclei, nella minaccia dell'avvolgimento, erano stati irradiati in direzioni opposte.

Appena pronunciatasi la ritirata di tutta la sinistra e di gran parte del centro, l'intera brigata di riserva, che avrebbe dovuto essere por-

Alle falde del Rajo.

tata indietro da Rebbi Arienni per schierarsi in favorevole posizione,[9] invece venne fatta agglomerare nella breve conca ai piedi del Rajo, poi avanzare, parte verso sud, parte verso sud-ovest (15.° battaglione), parte verso ovest (4.° reggimento Romero), rimanendo ai piedi del Rajo cinque sole compagnie al comando del colonnello Nava, quattro del 16.° battaglione, e una di alpini.

Quella massa si trovò sparpagliata e frazionata, insufficiente ad arrestare l'avanzarsi del nemico.

Le truppe in ritirata avevano mascherato prima il fuoco delle truppe di riserva, la travolsero poi.

Il 4.° reggimento, colonnello Nava, cogli alpini, che costituivano la sua avanguardia, era in marcia; si dirige al ciglio del colle, ma prima di giungervi e prima che avesse avuto il tempo di schierarsi, il reggimento intero viene travolto. Il capitano Franzini arrivò stentatamente a mettersi in batteria e le sue artiglierie non poterono sparare che un sol colpo, il prode capitano cadde subito colpito alla fronte.

Le truppe della riserva furono quelle che, in proporzione delle altre brigate, ebbero il maggior numero di perdite.

Girando attorno lo sguardo per quell'aspra discesa, guardando in alto per le orribili muraglie di quella specie di bolgia, pare risentire il fragore della massa di armati scomposta, sopraffatta che contende, con sforzi da titani, l'esistenza contro una forza immane che scende, che prevale, che stermina colla sua mole immensa.

I colpi di pala e di piccone rintruonano sempre più spessi e più forti in quella funebre latomia, le cui balze paiono scomposte e spaccate dall'urlo feroce degli Amara e dai gemiti degli straziati!

Per quei gradini scoscesi s'inerpicava il nostro colonnello Arimondi, chinandosi passo passo.

Lo seguivo aiutandolo nelle ricerche.

Quante versioni gli avevano fatte sulla morte dell'eroico fratello!

Raccontavano che su quel dado di granito, che sorge nel valico del Rajo, era caduto il generale Arimondi. Ferito al ginocchio egli tentava di alzare il braccio sparando il suo revolver contro i nemici che lo investivano.

Un soldato, attentissimo alla narrazione dell'interprete Gabrè, taglia una cinquantina di picchetti come quelli delle tende, e li infil-

---

[9] Le posizioni di Jehà, per esempio, o la fortissima del Gandapta.

za nella zolla, come a disegnarvi la figura del generale giacente, dai piedi alla testa: in mancanza della tomba, il ricordo della sua caduta gloriosa!

– Tedla Abaguben l'ha fatto seppellire qui attorno, – riconferma l'interprete, – deve esser qui vicino.

Molte tombe di capi galla stanno, sotto al gran masso quadrato, nelle grotte.

Avvolti in ampi sudari, i cadaveri di quei capi sono addossati gli uni agli altri finchè può capirne la grotta.

Scopro il teschio di tutti, ma quel modo di inumare pare affretti l'ischeletrimento dei cadaveri, son tutti teschi etiopi, riconoscibili alla caratteristica loro conformazione. Ricompongo le bende deluso nelle mie ricerche. Altri cadaveri sono sepolti all'aperto sotto tumuli di sassi. La copertura di quelle tombe è sorretta da tronchi d'alberi e da *manovelle* dei nostri pezzi da montagna; ciascun tumulo è coperto da frasche di rubinee. Altre tombe di capi galla sono sparse dovunque colle insegne del caduto: lo scudo e la spada, colla punta in alto, diritta fra i massi.

– Qui son poche tombe di Galla e di Amara, – dice un indigeno, – i cadaveri dei Tigrini furono trasportati nelle chiese.

La cavalleria galla s'è arrampicata fin quassù, sormontando ostacoli naturali che si direbbero inaccessibili se non attestassero il contrario i mucchi di carcami di cavalli vollo-galla che inceppano il passo, dappertutto, biancheggiando come ampi lenzuoli. Sotto alla roccia, dov'era la batteria del prode Franzini, fra i sassi ed i rovi sono sparsi i proietti dei pezzi a tiro rapido.

Sull'ultimo anfratto dell'amba, quattro soldati nostri han tenuto indietro trecento Scioani e Amara, i loro scheletri stanno ammontichiati davanti ai soldati italiani, fra un monte di bossoli sparati!

– Ci vuol la pala per raccogliere tutti quei bossoli, – dice un soldato.

Quelli saranno stati forse gli ultimi soldati italiani caduti in quel giorno, se pur non vi rimasero qualche altro giorno ancora, resistendo. L'ultimo di quei quattro eroi, che vendettero tanto cara la loro vita, combattendo corpo a corpo, all'estremo orlo di quel burrone, è trapassato dalla lancia di un galla il cui scheletro sta avviticchiato alla vittima che volle trascinarlo seco in grembo alla morte.

Quell'episodio, parlante nella sua immobilità, ne faceva immaginare cento altri che l'atto apparente non documentava. Quante rapide tragedie, quanti fulgori di silenziosi eroismi non avran visto lampeggiare queste pareti di macigno!

Le cause del disastro ci erano apparse evidenti. Quell'avanzata sul Rebbi Arienni e sul creduto Chidane Maret non poteva essere stata fatta coll'intento di provocare il nemico e riceverlo, sicuri, in buone e forti posizioni. Quella non poteva essere stata che la predisposizione di un'azione tattica che avrebbe dovuto seguire dopo.

Quel labirinto montano che avrebbe dovuto, fin dal comparire dal Gandapta, arrestare il capitano più imprudente, non arresta il Baratieri. Egli vi si ingolfa!

L'ordine del giorno non aveva fatto parola del Rajo[10] l'altura più eminente. La brigata centrale, Arimondi, lo potè occupare tardi, soltanto verso le 10! Al generale Arimondi era stato imposto di prendere posizione di aspetto dietro le due brigate di destra e di sinistra, nella convinzione non vi sarebbe poi stata soluzione di continuità.

O dove avrebbe dovuto essere collocato il Chidane Maret, sotto l'amba Bairot? Nell'avvallamento di Mai Avollà, dietro al Rajo?

Verso le 5, il capo di stato maggiore dall'alto del Bellah, scorge la colonna Albertone che si avvia verso il vero Chidane Maret e dopo uno scambio di idee fra il Baratieri e il capo di stato maggiore e il generale Dabormida, quest'ultimo riceve ordine di dirigersi ad ovest, verso la valle di Mariam Sciavitù, così che fin d'allora il primo concetto dispositivo era completamente abbandonato.

Alle 6 e mezzo furono udite le prime fucilate della colonna Albertone. Il comandante in capo sceglie un primo posto d'osservazione sul monte Esciasciò di fianco al Rebbi Arienni e di fronte al Rajo.

Di lassù egli scambia l'amba Gussosò per Abba Carima, e il vero Chidane Maret per il monte Scelloda.[11]

Evidentemente nello schizzo improvvisato era stato raccorciato lo scacchiere delle operazioni. Credette vedere addensarsi le masse nemiche su Abba Carima che è a 12 chilometri lontana.

Al generale Albertone, impegnato a fondo al di là di Adi Becci, non fu mandato ordine di ritirata che a disfatta avvenuta, poichè prima era stato ritenuto pericoloso. Sarebbe giunto, fu detto, a situazione mutata in peggio.[12]

Soltanto verso le 10 fu occupata la posizione Rajo-Mariam-

---

[10] Vedi la nota C in fine del Capitolo.

[11] Autodifesa, pag. 26.

[12] Autodifesa, pag. 27,

Posizioni occupate dalle nostre truppe sulle pendici settentrionali del Rajo e di Mariam Cumbur.

1) 9.° Battaglione regg. Brusati e batterie. - 2) Battaglione Galliano. - 3) 2.° Battaglione regg. Brusati. - 4) Battaglione bersaglieri De Stefano. - 5) Battaglione bersaglieri Compiano. - 6) Posizione occupata dal colonn. Brusati coi resti del suo reggimento per opporre una seconda resistenza. - 7) Punto dove poterono arrivare gli alpini di avanguardia al reggimento Nava. - 8) Posizione del reggimento Nava. - 9) Posizione occupata dal reggimento Romero. - 10) Strada percorsa da Dabormida per Mariam Sciavitù. - 11) Al Rebbi Arienni. - 12) Via per la quale si ritiò il comando in capo protetto dai bersaglieri di Stevani.

Cumbur. Da chi lo fu? Dal comandante in capo, dal suo stato maggiore; dalla brigata Arimondi composta di soli quattro battaglioni (2100 fucili circa) e di una batteria (Loffredo) a cui più tardi si aggiunsero il battaglione Galliano e le due batterie a tiro rapido.
Quale concezione tattica nuova era sorta nella mente del capitano? Quale?
Quella di cui vediamo le traccie compassionevoli!

NOTE.

A. ARRIVO DEL COMANDO IN CAPO SUL RAJO.

Il Comando in Capo precedette il reggimento Brusati al valico del Rajo. Il generale Baratieri diede personalmente l'ordine ove doveva collocarsi il 2.° battaglione, Viancini, cioè sulla pendice del Mariam Cumbur.

B. IL VALORE DEI NOSTRI SOLDATI.

Per registrare gli atti parziali di valore dei nostri soldati occorrerebbe ben altra mole che quella destinata a questo libro! Sul Rajo, per citarne qualcuno, il soldato di fanteria Chiappa G. B. aveva riportato parecchie ferite, allorchè un colpo di fucile sparatogli a bruciapelo quasi lo acceca. Invitato dal proprio capitano a coricarsi in un anfratto, al coperto dalle offese nemiche, risponde: "li vedo ancora abbastanza coll'occhio destro per poter sparare" e afferrato il fucile ricomincia il fuoco! Il soldato di fanteria Bordigio Giovanni ferito ad ambedue le gambe, in guisa da non potersi muovere, continua a sparare noncurante delle atroci sofferenze da cui è tormentato.

C. L'ORDINE DEL GIORNO DEL 29 FEBBRAIO.

L'ordine del giorno emanato dal comandante in capo del corpo di operazione la sera del 29 febbraio fu il seguente:
"Stasera il corpo d'operazione muove dalla posizione di Saurià in direzione di Adua formato nelle colonne sottoindicate:
Colonna di destra. – (Generale Dabormida): 2.ª brigata fanteria – bat-

taglione di milizia mobile – comando 2.ª brigata di batteria 5.ª, 6.ª e 7.ª

Colonna del centro. – (Generale Arimondi); 1.a brigata fanteria – 1.ª compagnia del 5.° battaglione indigeni – batteria 8.ª ed 11.ª

Colonna di sinistra. – (Generale Albertone): quattro battaglioni indigeni – comando della 1.ª brigata di batteria e batteria 1.ª, 2.ª, 3.ª e 4.ª

Riserva. – (Generale Ellena): 3.ª brigata fanteria, 3.° battaglione indigeni – due batterie a tiro rapido e compagnia genio.

Le colonne Dabormida, Arimondi ed Albertone alle ore 21 muoveranno dai rispettivi accampamenti; la riserva muoverà un'ora dopo la coda della colonna centrale.

La colonna di destra segue la strada colle Zaià, colle Guldam, colle Rebbi Arienni; la colonna centrale e la riserva la strada di Addi Dicchi, Gandapta, colle Rebbi Arienni; la colonna di sinistra la strada Saurià, Addi Cheras, colle Chidane Maret; il quartier generale marcia in testa alla riserva.

Primo obbiettivo; la posizione formata dai colli Chidane Maret e Rebbi Arienni tra monte Samajata e monte Esciasciò, – la cui occupazione verrà fatta dalla colonna Albertone a sinistra, dalla colonna Arimondi al centro e dalla colonna Dabormida a destra. La colonna Arimondi, però, ove sieno sufficienti le colonne Albertone e Dabormida, prenderà posizione di aspetto dietro le due brigate predette."

Seguono le disposizioni intorno ai particolari delle salmerie, della scorta dei viveri, ecc.

XVIII

MARIAM SCIAVITÙ

– Perchè chiamate battaglia d'*Abba Carima* la battaglia del 1.° marzo? – mi domandava l'interprete salendo pel ripido sentiero che dallo sbocco di Jehà conduce alla cima dell'Heiccià. – Che ci ha da fare Abba Carima colla battaglia? Questo colle è due ore lontano della prima linea d'attacco. Noi la chiamiamo la battaglia del Rajo. Amba Rajo è come il bastone della tenda, e tutti gli altri punti sono i picchetti.

Cambio della scorta.

Il Rajo lo lasciavamo a sinistra, e imprendevamo un giro largo, per la strada che avevano seguita nella ritirata gli avanzi della brigata

Dabormida. Cominciavamo a irradiarci nelle zone dove s'era combattuto prima, durante e dopo la strage del Rajo. Eravamo obbligati per la tirannia del tempo di cominciare sempre dal rovescio, delle fronti di battaglia, per finire verso il centro e verso il nostro accampamento.

Quel sentiero ripido e tortuoso che seguivamo ci internava in terre nè verdeggianti nè assolutamente aride. Incontravamo spesso dei tucul abitati; davanti le loro povere case le donne ci offrivano delle ceste di orzo.

Un soldato di Alula nominava, man mano che apparivano, i gruppi dei tucul: Adi Cheletè, Adi Quaserì, Adi Sunquenà, sempre in salita scoscesa, che affaticava i muletti in maniera inquietante, e ci faceva proceder guardinghi per gli scivoli frequenti, obbligandoci spesso a discendere dalle cavalcature.

Arriva dal fondo, lesto e di trotto, un pugno d'indigeni armati; due o tre cavalieri li precedono; ci passano accanto dirigendosi verso il colonnello che cavalcava alla testa del nostro drappello. I tre cavalieri davanti ad Arimondi saltano a terra e si prostrano.

– Salam!

– Chi sono? – domandai a Gabrè.

– È Ligg Hagos, zio di Baianè, e quello più indietro è suo fratello.

– Ne so quanto prima; chi li manda?

– Mangascià, per dare il cambio a Bigirondi Burrù. Ligg Hagos era un tempo capo di una banda nostra.

– E poi?

– Poi scappò, ma ci restò in mano un suo fratello che è in galera.

Ligg Hagos ha una faccia da lupo mannaro; coi capelli lunghi ed ispidi e la barba da satiro, un testone da saltaleone.

Hagos sorride e s'inchina a tutti. Viene anche da me e mi stringe la mano, colla bella mano bianca sul palmo, come le scimmie. Hagos Tafari fa la presentazione in tigrino. Oh ! ci comprendiamo subito a meraviglia.... vuol fatto il ritratto. La civiltà fa i suoi progressi: non si schermiscono più, non coprono più il volto collo sciamma, alla minaccia d'una istantanea, come ci contavano i viaggiatori di un tempo.

– Mangascià è un vanesio, – mi racconta l'interprete, – gli piace molto di farsi ritrattare; nella sua tenda sono attaccati tre o quattro grandi ritratti suoi, fattigli dal Naretti. Alula no, di ritratti non ne vuole; dice che se una copia di un suo ritratto andasse in Italia, chi sa quanti lo guarderebbero e quante maledizioni sarebbero dirette al suo indirizzo. È vero che l'Italia è lontana, pensa il vecchio ras, e che le

Lig Agos.

maledizioni è un po' difficile arrivino fino al Tigrè, ma non si sa mai!
Qualcuna di esse una volta o l'altra potrebbe arrivare e colpirlo fin
dentro casa sua.

Le tenerezze di Ligg Hagos hanno anche un altro scopo: avvi
migliore occasione di questa per aver liberato il fratello? E i capi neri
si danno un da fare indiavolato, corrono avanti a farci da battistrada
e gridano, agli attoniti indigeni, parole incomprensibili che vogliono
dire qualche cosa come: Ehi! Indietro; badate, passa il Negus!

Lanciano al galoppo sul ciglio del monte i loro muletti: tutta la
nostra scorta è attratta alla corsa.

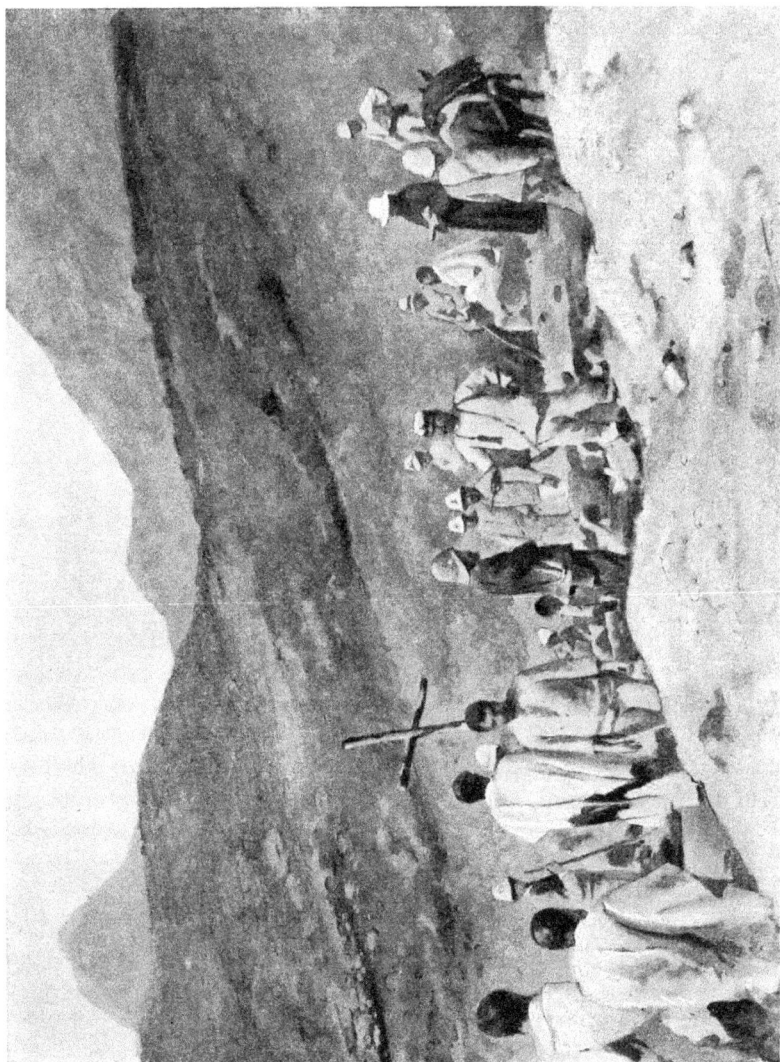

La tomba del generale Dabormida ad Adi Scium Cohenà.

I soldati del genio ci avevano preceduto da un'altra strada parallela fin dal principio della salita. Il colonnello Arimondi restato col suo attendente frugava sempre collo sguardo attorno per i sentieri. Lo avverto:

– Colonnello, un cadavere!

Adagiata sul fianco destro, si stendeva in un fosso una figura d'uomo non giovane. Il colonnello si china a guardarlo.

– Ma questo cadavere parmi del generale Dabormida! – dice.

Ci proviamo a girarlo di faccia, ma il povero corpo è troppo aderente alla terra e minaccia scomporsi. E il cadavere più conservato e più vestito che si sia rinvenuto. Possiede ancora i calzoni ed un avanzo di camicia. Al collo ha annodata una cravatta scura di lana; ha i baffi grigi e le mandibole prominenti. Il colonnello aveva conosciuto personalmente il valoroso generale e si riteneva sicuro sulla identità di quel cadavere.

L'attendente corse a chiamare i soldati del genio che erano nel vicino paese di Adi Scium Cohenà, i quali tornarono, correndo, con una barella.

Mentre il cadavere vien trasportato al vicino paese, arriva una vecchia che a grandi gesti ci dice essere proprio quello il generale. "Un capo, un grande! – diceva, – cogli occhiali, l'orologio e le stelle d'oro; volle da me dell'acqua, lo disse lui che era il generale!"

Il capitano Montanari fa comporre un tumulo distinto attorno al quale costruisce un recinto di pietre e vi depone il creduto generale. Quando sopraggiunge un indigeno che mette in dubbio l'identità del cadavere, e ne addita un altro, bruciato, cinquanta passi più in alto. La vecchia contraddice il sopravvenuto e fra i due nasce un battibecco interminabile. Scrupolosamente vengono raccolti anche i resti dell'altro cadavere e sotterrati ai piedi del primo. I soldati hanno già scolpita una lapide col nome del Dabormida, costruita una croce e intrecciata una corona che compongono sui macigni chiudenti la fossa.[1] Erano le 9 del mattino.

I contadini portano un cannocchiale da ufficiale, se non è del generale stesso. Il binocolo da campo porta la dicitura *Militar Jumelle Militaire Feldstcecher*.

---

[1] Per desiderio della famiglia molti giorni appresso fu mandato il capitano Caviglia ad esumare quelle ceneri. Furono portate a Massaua, là per taluni segni caratteristici mancanti al cadavere, fu accertato non appartenere al generale.

Ma il generale Dabormida era dunque salito fin là sopra? Si era egli arrampicato per la precipitosa salita? Là, per quella discesa scoscendente alla valle che vediamo ingolfarsi come un pozzo e di cui non vediamo la fine?

Fin quassù, dai due fianchi, era stato continuato accanito l'inseguimento, dal basso della valle. Un primo sprone a terrazzo aprivasi come una trincea, ove il breve spazio era sparso di cadaveri.

Discendevamo, e le fermate di resistenza apparivano continue, gradino per gradino.

In alcuni punti la resistenza non era stata possibile, la colonna aveva dovuto attraversare larghe terrazze, dominate direttamente dalla altura di destra; l'indigeno del seguito di Ligg Abraha, affezionato a Montanari, Abbaguben, ci segnava quel massiccio essere stato occupato da Alula. L'avanzarsi del ras tigrino, sulle montagne di destra, aveva determinato il ripiegamento della brigata. Quel vecchio Alula ci è sempre fatale!

C'imbattiamo in un posto di medicazione: sono sparsi fra gli spini batuffoli di bambagia e brandelli di bende, là dei medici s'erano dovuti arrestare improvvisando un posto di medicazione; ma erano stati sorpresi dal nemico e la loro opera santa interrotta: eranvi due cadaveri, due poveri esseri trucidati dopo essersi fatti medicare! Uno d'essi ha le bende alla gamba destra, l'altro al braccio e al capo! Là vicino la carcassa di quel che fu un bel cavallo baio, italiano.

Continuando la discesa, meraviglia la resistenza continuamente accanita dei nostri, dietro a certi massi, naturalmente disposti a bastioni, e stupisce ancora di più l'accanimento degli inseguitori da tutti i lati, in salita sempre: i poveri caduti, son tutti colpiti ai fianchi!

Ancora più in basso l'erta diventa sempre più scoscesa, là i cadaveri sono a grappoli: afferrati alle roccie, nell'atteggiamento disperato di tentare la salita infernale fra il grandinare delle palle nelle tenebre della notte! Quale strage! Ci arrestiamo stanchi e avviliti davanti all'orribile spettacolo.

Troppe emozioni avevamo accumulate, troppi dolori riempivano l'anima nostra; per quanto fosse stata agguerrita la nostra mente a quegli spettacoli tristi, ciascuno di noi sfuggiva la vista dei compagni!

Rifacciamo la strada fra granate scoppiate, fra cassette di munizioni sconquassate: in quel breve ripiano, dovevano esser stati trascinati a braccia dei cannoni. Bigerundi Burrù ci parla di una resistenza tremenda opposta dai nostri in quel punto: egli era stato fra gli inseguitori!

– E che importa, – dice vedendoci severi, – la vittoria è in mano di
Dio!

Dal fondo della valle s'eleva, al nostro avanzarci, un volo largo di
piccioni che frullano rumorosi come a San Marco di Venezia. Sentii
come, in certe condizioni di spirito, siano capaci talune forme di pro-

Mariam Sciavitù sulla prima posizione dell'artiglieria.

durre nei loro aspetti suggestivi emozioni di vago significato simboli-
co: avrei detto quei piccioni le anime vaganti dei poveri uccisi!

Da uno spiazzo in cui ci affacciamo, appare profonda tutta la valle
di Mariam Sciavitù.

Di lassù da quel monte Erar, il nostro sguardo va fino allo Scelloda
che chiude ad occidente la bellissima ed ampia valle. Sulla sinistra si
disegnano nettamente i profili e le falde dei tre monti che separano la
valle da Mai Avollà e dal Rajo: il Derar, il Gossosà e il Nasraui. A
destra una catena d'alture brulle che si allacciano in curva col monte
da cui guardiamo. In fondo, verso sinistra, una dorsale come un basso

spalto, là dietro è nascosta Adua. Dopo il monte Scelloda, verso il passo di Gasciorschi, allontanandosi da Adua per la strada del Mareb, un'amba che pende e che gl'indigeni chiamano Arti Udducò, *non cade.*

Ai nostri piedi, a sinistra, l'altura ove apparve il battaglione De Amicis[2] più basso il sentiero che conduce al Rebbi Arienni.

La valle è tutta arata, la terra rosseggia e l'acqua lambe le falde dei tre monti di sinistra. Verso destra, sempre in basso, alcuni alberi, sicomori, dove mi era stato detto esser caduto il colonnello Airaghi; in quella posizione lievemente elevata dove alle 16 il cannone della batteria Mottino tuonava ancora.

La mattina del 2 di giugno, quando fu iniziata l'esplorazione del vallone di Mariam Sciavitù, a cinque chilometri lontano dal colle di Rebbi Arienni, scendevamo per quel sentiero rovinoso, lasciando la nera massa del Rajo, attraversando gli avanzi del bivacco nemico, tra il putridume delle pozzanghere che gli scioani avevano riempite di carogne. Lasciavamo a sinistra l'insenatura percorsa dall'acqua Avollà fra l'ultima falda del Mariam Cumbur e il rossastro monte Derar.

Il sentiero costeggia sempre il gruppo di alture che si allaccia all'Esciasciò. A quel punto la valanga nemica, nel secondo momento della battaglia, era sbucata da sinistra, dal Mai Avollà e dal Derar, tagliando la strada e isolando dal grosso la brigata Dabormida già impegnata nel vallone di Mariam Sciavitù. Una massa di fanti Amara aveva rapidamente coronato il monte Esciasciò ed aggirate le brigate nostre combattenti al Rajo, mentre un'altra colonna le investiva dal basso, per il sentiero che lasciavamo.

Quel passo, quantunque avesse gli orizzonti limitati dalle alture a noi sovrastanti, è selvaggiamente maestoso.

Tutti i declivi scendono alle conche saltando a gradini; pel piano i resti gialli delle biade indorano le cento curve a onde. Fra esse serpeggia la cupa lingua di smeraldo che nasconde l'acqua, che a volte s'interrompe e si carica d'indaco. Qua e là s'apre limpida una conca d'acqua trasparentissima, incorniciata di palmizi che vi si specchiano; più in là una pozzanghera, dove marciscono giunchi e ninfee viscide: contrasti stranissimi di gaiezze e di malinconie.

Alle distese pianeggianti, bruscamente succedono dirupi e spechi da centauri, ricchi d'insidie e d'agguati; su di essi contorcimenti di balze

---

[2] Vedi nota *A* in fine del capitolo.

Il maggiore De Vito.

fino all'azzurro, azzurre anch'esse, quasi fingendo quella grazia d'invito di cui si fan belle le nostre Apuane.

Per questi colli, nei monti azzurri, per le conche, nelle chiare limpide acque, è sparsa ovunque la morte!

Sempre, sempre la morte! È troppo! per noi, per questi poveri soldati che ci seguono, col badile e la gravina sulla spalla, rassegnati al faticoso lavoro che loro incombe per tutte le dodici ore della giornata! Ma essi son così buoni, così volonterosi, così meravigliosamente compresi della loro missione, che vanno e lavorano senza incitazioni e senza preghiere. Sanno che è il nostro sangue che abbevera tutte queste zolle selvagge, che questi scheletri, queste bianche membra sparse sono tutte di gioventù nostra! Che questi teschi dall'occhiaie scavate e dai capelli biondi, che conserveranno fino al dissolvimento l'espressione dell'estremo strazio, sono di fratelli nostri! E rendono quell'estremo tributo fraterno religiosamente senza lamenti e senza stanchezze!

– Che avete, giovanotti, che non parlate oggi? – dice loro il capitano Bonelli. – Suvvia, coraggio! pensate al vanto che porterete in Italia per la bella, la santa opera che compite.

E i soldati, distratti dalle loro meditazioni dalla dolce parola del loro capitano, si rianimano e dai loro occhi lampeggia l'intima soddisfazione che ne provano.

Sempre di morte! Consegnare alle carte il ricordo di quello strazio continuo di dieci giorni, perchè? Per turbare lo spirito di chi per avventura rileggerà queste note? Per turbare ed avvelenare la serenità olimpica di chi vuole, può e sa dimenticare?

No, non è per questo, è per loro: per questi bravi figliuoli la cui opera non sarà forse apprezzata quanto dovrebbe essere, per questi bravi soldati che immagino, più tardi, al fuoco altrettanto eroi quanto ora sono pietosi.

– E se fossimo qua per terra, noi! – osserva laconicamente uno d'essi.

Il sentiero tortuoso saliva verso un colle dal quale uscimmo nell'ampiezza della valle. Essa si chiudeva sulla nostra dritta e si allungava a mancina, ridente, piena di luce e di sole: Mariam Sciavitù, *Maria verde*.

Quella valle pareva creata per una battaglia fortunata; e i nostri soldati avevano creduto per quattro volte di afferrarla, in quel piano, la vittoria!

Il generale Dabormida, che era stato accompagnato nella sua marcia dal fragore del cannone e delle fucilate della brigata Albertone, al collo di questa valle aveva fatto ammassare le sue truppe aspettando i risultati dell'esplorazione del battaglione comandato dal maggiore De Vito, che s'era diretto verso il fondo della valle tentando di collegarsi alle truppe di Albertone.[3]

Ma il maggiore De Vito s'era incontrato subito col nemico e sosteneva il combattimento contro una massa scioana enorme. Quel battaglione in breve era stato scompaginato e il suo comandante era caduto fra i primi. Ma sgombrata la fronte dei superstiti, tocca al colonnello Ragni la ventura di avanzare pel primo alla testa di due battaglioni, di caricare alla baionetta e di ricacciare il nemico fino alla scarpa del Cahiè Zaban.

Erano i Tigrini di Mangascià e gli Amara di Maconnen, ci assicura-

---

[3] Vedi la nota *B* in fine di capitolo.

Ebalgumè! Ebalgumè!

Il colonnello Ragni.

rono gli indigeni della nostra scorta, *che aspettavano* dietro la cortina di Cahiè Zeban, sotto lo Scelloda e sotto Arti Udducò, mentre un'altra grossa colonna si dirigeva fra il Chidane Maret e l'amba Gossosà, internandosi nelle insellature di quei monti.

Il resto del reggimento Ragni fu diretto sulla scarpa occidentale di quel Gussosà e incontrò subito il nemico aprendo rapido il fuoco.[4] L'artiglieria, e una parte del reggimento Airaghi, avevano frattanto preso posizione nel piano, all'altezza del reggimento Ragni. Il resto del reggimento Airaghi, colle batterie, si avanzava sulla fronte di battaglia.

In questo punto sbuca dal vallone un'orda di Scioani che si slancia

---

[4] Trasmise poi al comando in capo un biglietto così redatto: "Estesi accampamenti scioani si scorgono a nord di Adua; una forte colonna si dirige da essi verso la brigata indigeni; tendo la mano a questa pur tenendo un forte nucleo di truppa ammassata presso la strada che dal Rebbi Arienni tende ad Adua e sorvegliando le alture di destra."

Il maggiore De Amicis.

urlando dirigendosi contro le batterie, preceduta da masse di cavalieri galla che precipitavansi di carriera al grido feroce di guerra:
Ebalgumè! Ebalgumè! Falcia! Falcia!

Le nostre truppe aspettano l'urto, impassibili, levandosi in piedi;
fulminando *a ripetizione* mentre le batterie vomitano mitraglia, sba-
ragliando la fiumana nemica, le cui prime file rotolano fra le alte
erbe, e il resto volge in fuga disordinata: Una prima vittoria!

Un secondo attacco fu iniziato prima di mezzogiorno coll'intento
di scacciare completamente il nemico dalle sue posizioni. Le nostre
file tornarono ad avanzare, compatte e ordinatissime; le riserve, l'artiglieria comandata dal maggior Zola, le colonne delle munizioni
restano al loro posto regolamentare come se là di faccia non vi fosse
stato il nemico che continuava insistente la sua fucilata, sempre più
nutrita e più ostinata, a misura che la brigata italiana procedeva in
avanti.

Siamo presso al meriggio, il crepitìo degli spari si fa sempre più vivo. L'artiglieria semina granate contro la linea nemica. Il colonnello Airaghi alla testa del suo reggimento muove due volte all'assalto, appoggiato, alla sua sinistra, dal colonnello Ragni che dal mattino combatte sulla scarpa del Gossosà.

Ma gli assalti replicati non scuotono gli Abissini che rimangono

Il maggior generale Dabormida.

immobili sulle loro posizioni ed aumentano ognora il fuoco micidiale.

Ai nostri conviene ritirarsi lentamente per riordinarsi, sulle prime posizioni. Erano caduti negli assalti i prodi maggiori Solaro e Giordano.

Ma l'artiglieria s'è portata più avanti, per dirigere meglio i suoi colpi contro l'insenatura ove più densa pare la massa nemica, che si mantiene appiattata fra l'alte e gialle erbacce. Frattanto i battaglioni vengono riforniti di munizioni e iniziano lentamente una nuova

Il colonnello Airaghi.

avanzata, accelerando il fuoco, secondati dalle batterie: l'avanzata si muta in altre due cariche. Ma il nemico è fermo, sempre fermo, su tutta la sua fronte. Ora la distanza delle due linee fronteggianti è brevissima, di soli cento metri.

La tromba squilla per la quinta volta il segno di preparazione all'attacco e i nostri battaglioni si elettrizzano come se fosse il primo.

Il prode generale Dabormida, a cavallo, colla spada in alto, si porta sulla linea di battaglia, seguito dal colonnello Airaghi, e co' loro stati maggiori oltrepassano, con mirabile esempio di ardimento, la linea di fuoco! Un grido immenso si leva: *Savoja!!*

Il Sicomoro maledetto.

E tutta la linea dei nostri soldati si precipita, a baionetta inastata, sul nemico.

All'assalto irresistibile, gli Abissini volgono confusamente il tergo e fuggono! Le trombe suonano l'*alt* e il fuoco, [5] mentre il nemico tenta riordinarsi e far fronte ancora una volta. I nostri sostano pochi minuti e continuano il fuoco, poi ancora di corsa, alle reni del nemico, che in molti punti è raggiunto dai nostri e baionettato.

– *Vittoria! Vittoria!* – gridano i nostri soldati dall'un capo all'altro della superba linea d'attacco. – *Viva il Re! Viva l'Italia.*

Vittoria! Contro un nemico quattro volte più forte, contro quel nemico così agile, insuperabile nella corsa, raggiunto e baionettato, cacciato verso lo Scelloda, verso il suo accampamento, dove vedonsi sempre biancheggiare le tende.

La brigata indigena spintasi a Chidane Maret e le due bianche ammassate attorno al Rajo erano state travolte dal disastro, da quella parte tutto era finito! Il nemico, dopo aver compiuta la sua opera di distruzione, si dirige in massa ora da questa parte, rifacendo la strada da cui la brigata s'era avanzata; e le compare da tergo.

Questa inaspettata apparizione, alle spalle, nel momento che sembrava assicurata la vittoria, dovette, nell'animo del Dabormida, produrre una profonda amarezza!

Ma quell'eroe non perde il suo sangue freddo: dà ordini precisi, come fossero stati maturati da ore, manda rinforzi alle sue spalle, rinforza la destra e fa lentamente arretrare le truppe sulla sua sinistra. Così, come il loro generale, ufficiali e soldati restano calmissimi alla nuova sorpresa.

Ma concorre provvidenzialmente a favorire gli spostamenti delle nostre truppe, un battaglione della brigata Arimondi, che per le vicende della battaglia si trovò ad affacciarsi sul vallone di Mariam Sciavitù.

In quel mattino, all'inizio dello spiegamento delle truppe, il colonnello Brusati, conscio dell'importanza che avrebbe avuto per le colonne procedenti il vigilare sulla loro destra, esposta ad attacchi nemici dall'alto, aveva incaricato il maggiore De Amicis di provvedere col proprio battaglione ad assicurarsi da tal parte.

Il battaglione (4.° del 1.° reggimento) s'impegnò bentosto, e concorse efficacemente a proteggere la destra della brigata Arimondi. Più tardi, cambiando gli eventi, si accorse d'avere innanzi a sè, nella sottoposta vallata, la brigata Dabormida, che iniziava il combattimento contro il nemico. La sua azione protettrice alla destra della sua brigata, che aveva presa un'altra direzione, non potendo essere più efficace e il tornare indietro pericoloso, decise di mettersi di propria iniziativa di riserva alla brigata Dabormida. Questa sua determinazione permise di fare arrivare sulla nuova fronte i rinforzi inviati dal generale e impedire l'avanzarsi del nemico arrestandolo nelle sue posizioni.

Quel battaglione teneva testa valorosamente contro le nuove forze scioane che provenivano dal Rajo pel vallone di Mai Avollà. Il generale Dabormida, sorpreso favorevolmente dell'opportuno sostegno, mandò a rinforzarlo col battaglione Rayneri. Quelle truppe ben appostate, improvvisando delle trincee, impedirono l'irrompere nella valle, alle spalle della brigata Dabormida, la massa nemica che ritornava dal Rayo ubbriaca della strage fattavi. Il generale Dabormida sceglieva intanto una posizione centrale[6] verso le alture settentrionali; un'elevazione a forma conica dove si collocarono due batterie che ridussero subito al silenzio i pezzi a tiro rapido del nemico.

Ma gli Scioani a gruppi e a stormi, colla rapida mobilità di cui dispongono, si allargano nelle alture, coronando tutto il fianco meridionale della valle, costringendo il colonnello Ragni ad abbandonare la sua posizione e obbligandolo a discendere fra dirupi e balze asprissime.

Da tutti i lati, dal collo al fondo della valle, di faccia e quasi a tergo, verso l'ala destra, le forze italiane lottano sempre accanitamente contro la fitta catena dei nemici che continua ad ingrossare di momento in momento, vomitando piombo sulla nostra brigata.

In tutta la mattina nessun ordine era pervenuto al generale dal comandante in capo, essendo stata tagliata la strada dal nemico fin dall'inizio del combattimento. Ciò preoccupava grandemente il Dabormida che si accorgeva come le cose oramai volgessero sempre al peggio, senza speranza di potervi rimediare.

E il nemico aumenta, aumenta sempre. Dal fondo della valle, verso Adua, le truppe bianche cominciano a perdere terreno finchè sono costrette a ridursi alle posizioni che avevano occupato al principio del combattimento!

---

[6] Il capitano Menarini la chiama, nella sua bella narrazione più volte citata: *altura a cono*.

Il generale in questo pericoloso frangente, allo spettacolo di tanta forza nemica che continua a stringere le sue truppe come in un cerchio di ferro, sperando forse nell'arrivo di rinforzi, decide un nuovo attacco!

Nelle file dei nostri soldati corre un nuovo estremo fremito e si lanciano all'assalto con un immenso grido. L'eroico generale, in testa al

Mariam Sciavitù. Al collo della valle, dove fu iniziata la ritirata.

6.° reggimento, agita il suo elmetto, il colonnello Airaghi lo segue colla sciabola sguainata; tutti si slanciano sul nemico che ne resta perplesso, ondeggia e si arretra.... Ma quello era l'ultimo degli assalti!

Alla massa dei nemici si erano aggiunti nuovi, fortissimi nuclei, che erano accorsi al rumoreggiare, ininterrotto, delle artiglierie. La valanga nemica avvolge, avvolge sempre, e si precipita sull'esile brigata che va coprendo il terreno di cadaveri.

La difesa è ostinata, eroica; ma che vale cozzare con un nemico sei volte più forte!

Al tramonto la ritirata è nel suo pieno svolgimento. Il colonnello Airaghi l'ha sostenuta strenuamente dal basso della valle, presso il gruppo dei due sicomori che segnano la salita, su cui si avviano i resti della colonna.

Di là non fu più visto il prode colonnello. Il generale Dabormida

Luigi Bocconi.

sparve in coda alla sua bella brigata, travolto dal cozzo feroce, stermi-natore, degli Abissini.

I maggiori De Amicis e Rayneri coi resti dei loro valorosi battaglio-ni furono anch'essi travolti. De Amicis fu visto a piedi, farsi largo a sciabolate fra i Tigrini e gli Scioani, poi sparire fra i gruppi, che in coda alla colonna combattevano corpo a corpo.

Una narrazione del tenente Roppa, fattami a Massaua, sulla morte del colonnello Airaghi suonava così:

"Dopo avere impavidamente e sempre a cavallo, bersaglio continuo dei nemici, portato per sei volte all'attacco il suo reggimento, e dopo

Croce eretta sull'altura a cono in onore della brigata Dabormida.

avere avuto uccisi due cavalli mentre tentava montare un muletto assieme ad un soldato ferito, venne colpito al fianco sinistro. La palla gli trapassò il corpo. Il colonnello si fece appoggiare a quel maledetto sicomoro ordinando ai soldati, accorsi a portargli aiuto, di lasciarlo morire guardando il nemico, ed esortandoli a ritirarsi.

– Io son vecchio, – disse, – lasciatemi morire qui, voi siete giovani, salvatevi.

Poco dopo si ripiegò su sè stesso e spirò." Cercai sotto il sicomoro

Vallone di Mariam Sciavitù. Le fosse comuni.

più alto e fra gli altri più bassi, speravo rintracciare la salma dell'eroico colonnello facilmente riconoscibile da un segno particolare, evidente al capo, ma le mie ricerche furono vane. Due soli cadaveri di giovani erano intatti, tutti gli altri sedici, sparsi fra i rovi vicini, erano inceneriti. Quella di quei sicomori era un'ombra dove si riducevano

Tenente Abate Daga.

Tenente Ricci.

Sottoten. Zicavo.

Sottoten. Guarini.

Ufficiali delle compagnie del genio.

gl'indigeni dopo l'aratura; infastiditi, avevano bruciati quasi tutti i cadaveri.

Lo stesso tenente mi raccontò della carneficina avvenuta sotto quel famoso sicomoro, ove vide il milanese Bocconi che faceva fuoco indefesso, *di gran gusto*, come il Roppa si esprimeva, come se fosse stato al tiro, accanto al suo moretto.

Gli fu gridato:

– Signor Bocconi, venga via di là che a momenti sarà circondato.

Gli Scioani erano a settanta passi da lui. Poco dopo, la fiumana nemica si riversò verso il sicomoro: quanti v'erano rimasti attorno furon travolti, tagliati a pezzi, massacrati.[7]

Cento metri lontana dal gruppo di sicomori è la posizione di una batteria; vi trovo alcuni resti inceneriti, circondati da pietre come in segno di rispetto. Più in là invece, dove una depressione di terreno va a finire in un largo fosso, è un accumulamento di cadaveri rovesciati in malo modo, gli uni sugli altri, come fanno all'Asmara pei resti del macello: un miscuglio orribile a vedersi! Il lezzo ammorbava l'aria tutt'attorno e i barili d'acido fenico che vi venivano versati non servivano a nulla. Quale strazio han fatto di noi! Per terra, veggonsi zoccoli di muli e di cavalli, gli zoccoli soltanto, come scarpe tolte dai piedi.

Quella lunga valle che aveva inteso alto e sonoro da mille petti il nome d'Italia ora è tutta un carnaio!

Un altro grido selvaggio l'aveva soffocato: Falcia! Falcia l'erba tenera! *Ebalgumè! Ebalgumè!*

"Il granaio d'Italia seminato nel Tigrè è stato tagliato da Abba Bagnò[8] e l'ha dato a mangiare agli uccelli!"

È questo il peana che gli Amara innalzarono selvaggio su queste balze e per queste gole, dopo la carneficina, agitando sulle aste le carni e le vesti strappate ai cadaveri, portandole in trionfo alle loro donne!

Era il meriggio e gl'indigeni della scorta si riposavano sotto i sicomori. Con Ligg Agos era pure arrivato un messo di Alula, Scelacca Gabrè-Zadik, anche lui venuto a confortarci della sua protezione. Il nostro Gabrè Sghear era con loro, facevano fantasia, a mezza voce, attorno ai fuochi accesi per far la borgutta.

---

[7] Il colonnello Ragni mi raccontò di aver visto il Bocconi alle 9 del mattino; e poichè il Bocconi colla sua carabina americana faceva fuoco a ripetizione, il Ragni gli ordinò il fuoco cadenzato, come agli altri soldati. Il Bocconi rispose che egli non era soldato e voleva sparare come gli pareva meglio; e poichè ciò non gli fu permesso, si ritirò, dirigendosi verso il reggimento Airaghi. Il fotografo signor Ledru, che aveva condotto seco il Bocconi, s'era fermato sul Bellah per poter fare delle istantanee, ma non appena aperta la sua macchina e posata sul cavalletto dovette frettolosamente ritirarsi. Trovai il trespolo sfasciato fra le balze dell'Esciasciò, di faccia al Bellah.

[8] Menelik, perchè il suo cavallo si chiama Dagnò.

Era lui, il nostro interprete, che cantava la strofa, pianissimo, e i soldati di Alula e di Mangascià ripetevano il ritornello: *Auh! Auh! Auh!*

– Bravo Gabrè! Anche tu hai voglia di cantare?!

– Ma non senti che cosa faccio cantare?

– Io no davvero.

– È la canzone di Toselli. E la tradusse in italiano.

"Tu come il generale del mare (?) occupavi un' altura che non poteva essere espugnata che da Dio!

Avevi meritato di rientrare nella terra.

Avevi l'elsa della tua spada fulgente come la stella del mattino.

Salvati, tu non meriti questa morte!

Ma egli sguaina la sua spada scintillante e dice: Non abbandonerò mai i miei giovani!"

– *Ebalgumè! Ebalgumè!* Mi scappò detto, riavuto dalla sorpresa.

I neri brontolarono, il sornione scelecca sentenziò qualche cosa.

– Che dice Zadik ?

– Oh Guaitana (tradusse l'interprete), dice che il Signore in quei giorni non era seduto sul suo trono!

Quale miscuglio selvaggio d'incoscienza e di perfidia! Bonelli coi suoi ufficiali e coi suoi soldati, sotto il sole inclemente, innalza una grande croce sul picco a cono, nella seconda posizione delle artiglierie, in onore della valorosa brigata Dabormida; i soldati lo chiamano subito *il Calvario*, e vi depongono attorno i tre sassi mistici.

Il calvario o il macello? L'*Abuna* aveva concessa l'indulgenza plenaria per ogni abissino che avrebbe ucciso venti italiani. La strage aveva avuto la sua consacrazione! Il Signore in quel giorno era disceso dal suo trono! Vi era forse salito l'*Abuna*?

NOTE.

A. DOVE ERA COLLOCATO IL BATTAGLIONE DE AMICIS.

Guardando il mio schizzo dal vero, un ufficiale che combattè colla brigata Dabormida ebbe a segnarmi la scarpa del Derar come la posizione occupata dal maggiore De Amicis perchè, disse, su quell'altura vidi avviarsi il battaglione Rayneri a rinforzo del battaglione De Amicis. Le varie narrazioni raccolte sulla battaglia sono confuse su questo punto, anzi qualche opuscolo d'autore militare colloca senz'altro De Amicis sul Derar.

Ora tutto ciò non può essere; l'ufficiale da me interrogato confuse evidentemente la scarpa del Derar col protendimento settentrionale dell'Esciasciò, sotto il monte *Erar* dove venne iniziata la ritirata. E infatti l'efficacia di quel battaglione (4.° fanteria d'Africa) per proteggere a tergo la brigata Dabormida non avrebbe potuto spiegarsi che da quel punto.

Il capitano Niri di quel valoroso battaglione, che è fra coloro che serbarono sangue freddo e mente lucida, dice che "in conseguenza dell'ordine ricevuto del suo colonnello Brusati il battaglione si staccò *fiancheggiante sulla destra del reggimento* per la strada di Adua, occupò circa mezz'ora dopo le alture designate del Brusati trovando il contatto *sulla destra* colla compagnia indigena del capitano Pavesi. Dopo mezz'ora circa di aspettativa il comandante del battaglione non vedendo giungere altri ordini nè vedendo avanzare il reggimento, essendosi impegnata in quel momento la 2.ª brigata, decise d'avanzare e di concorrere con questa. Dopo un breve fuoco sostenuto dalla 2.ª brigata che accennò a prendere posizione più indietro sulle alture di destra anche il 4.° battaglione ripiegò sulla primitiva posizione, da dove aprì il fuoco contro il nemico che *avanzava sul fronte e sul fianco sinistro* per la strada di Adua. Stante la natura del terreno, tutto a fitta boscaglia, il battaglione fu costretto ad eseguire il fuoco a brevissima distanza, infliggendo e subendo perdite rilevanti. Vista quella posizione insostenibile e udendosi qualche fucilata alle spalle, il maggiore De Amicis condusse il battaglione più in alto *sempre sulla destra* facendo occupare un cocuzzolo reso più forte da un muro a secco che permetteva un largo sviluppo di fuoco per più di un battaglione. Posizione da cui si aveva un un buon campo di tiro a sinistra, e specialmente sul fronte, e dove il battaglione seppe mantenersi bravamente sino alle ore 15 circa quantunque circondato. Verso mezzogiorno era sopraggiunto un rinforzo del 4.°, il 13°. battaglione (Rayneri)

che prese posto, parte nel nostro trinceramento, parte sulla nostra
destra."

B. IL BATTAGLIONE DE VITO.

Il capitano Menarini nel suo opuscolo sull'azione della brigata
Dabormida dice a pag. 31-32 che le truppe sbucando da Gandapta ai
piedi di uno "strano colle" (leggi colle di Jehà) si addormentarono allineate com'erano. "Ad un tratto poterono essere le 3 e 30 dalla testa della
brigata, venne la voce, che all'alba il maggiore De Vito avrebbe sorpreso ed attaccato gli accampamenti nemici, di cui da lontano vedeva in
confuso le tende. Era dunque arrivato fino al colle della valle di Mariam
Sciavitù? Sapeva già che la sua brigata doveva portarsi in quel terreno
cosi lontano dal Rebbi Arienni?

XIX

CHIDANE MARET

Il nostro accampamento di Mai Emò brulica di capi e sottocapi tigrini: Asselafì Ailù, Bigirondi Burrù, Degiacc Tagagnè, Ligg Agos, Scelecca Gabrè-Zadik con tutti i loro gregarii, avanti e indietro in

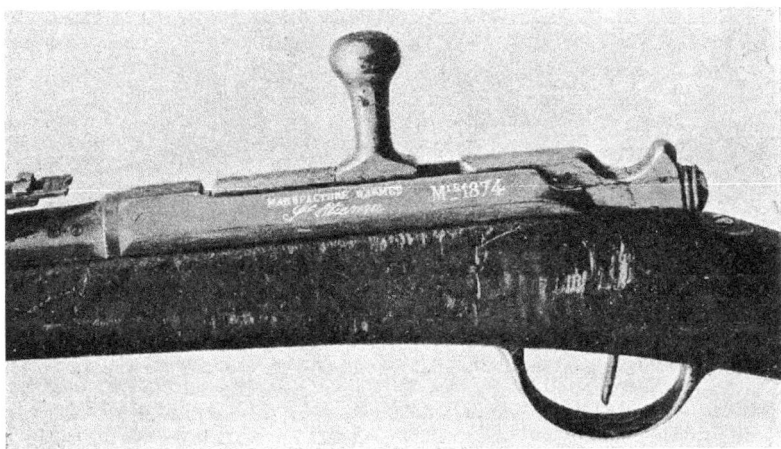

Il fucile *Gras*.

grandi faccende con i loro Remington, *senadir*, e i loro *Gras*, nuovi fiammanti, portati a spalla col calcio in aria. Stanno lontani dalle nostre tende, noi lontani dai loro tucul improvvisati. Sappiamo che Mangascià ha mandato un bando col quale ordina di rispettare e lasciare intatte le tombe fatte dagli italiani, comminando pene severissime pei trasgressori.

Al muoversi delle compagnie che s'irradiano ai loro posti assegnati,

gl'indigeni, a gruppi, le precedono rapidi. Bigirondi Burrù, il cerimoniere di Mangascià, si licenzia dal colonnello inchinandosi, toccando
il suolo colla punta delle dita: un tipo purissimo di tigrino, il meno
chiacchierone di tutti i suoi simili, e che mi fece l'onore di lasciarmi
il suo autografo.

Bigirondi Burrù.

Noi girando per il sicomoro di Mai Emò, fra il Kaulos e il Rajo, ci
dirigiamo ad Adi Becci, per Chidane Maret, sulla strada percorsa
dalla brigata indigeni al comando del generale Albertone.

Le esplorazioni venivano a compiersi dove era cominciata l'azione.
Sotto al Rajo, nel Mai Avollà, c'imbattiamo subito in un seminato di
cadaveri disfatti, dei nostri soldati e dei nemici. Salendo per la prima
cortina di Adi Becci vediamo gli effetti micidiali delle nostre artiglierie che fulminavano dal Rajo: i cadaveri degli Scioani e degli Amara
qua sono ancora insepolti, scudi e cavalli galla dapertutto; riescireb-
be difficile distinguere fra i nostri ascari e i nemici se quelli non con-

servassero, a differenza dei nostri bianchi, denudati tutti, qualche indumento riconoscibile, come le uose ed i farsetti.

Fra i rovi e i massi detritici, sotto al Nasraui, di faccia al Rajo, sono mucchi di cadaveri galla fra le scheggia delle granate e de' proiettili dei pezzi a tiro rapido seminate dappertutto, appiattite sulle roccie e sprofondate nel terreno. Uno scheletro mummificato di Galla conserva la posizione di agguato fra gli spini, fronteggiando il Rajo, nell'attitudine di far fuoco.

La mummia di un Galla colpito in atteggiamento di far fuoco.

Ah quest'incontro! Quella doveva essere la mummia di un *jettatore*: per fermarmi a fotografarla, perdo il trotto del colonnello e resto con chi mi portava l'istantanea, l'album e gli acquerelli. Dico al portatore: Io trotto avanti, lassù, verso quella gobba; mi fermerò in tutte le alture, perchè tu non mi perda di vista; seguimi.

Credevo di arrivar presto ad Adi Becci, ma di quelle gobbe, di quelle dorsali, se ne passano tante, prima di arrivarvi! Il mio uomo si ecclissa, lo perdo! Così che arrivai alle posizioni della batteria Masetto senza i ferri del mestiere, come un essere inutile!

Di lassù un altro quadro maestoso: il vallone di Latzate e sulla

Mai Emò. Direzione presa dal generale Albertone.

destra, dietro al vallone, lontana, Adua.

Il Latzate si allaccia al Chidane Maret, e tutti e due i colli s'alzano da due valli laterali. Lo sprone del Latzate scende al piano verso mezzogiorno, quello del Chidane Maret verso settentrione. Dietro la concavità centrale che lega i due monti, appare la cresta di Abba Carima.

Dalla nostra fronte precipita una vallata che va a lambire le falde settentrionali del Chidane Maret, limitata a destra dall'estremo sprone dell'amba Gossosà. Quell'amba prolungasi fino alla dorsale di Cahiè Zeban, e costituisce l'elemento separatore di questa valle dal fondo di quella di Mariam Sciavitù.

In fondo alla gola appare Adua, adagiata sopra un largo zoccolo di macigno, con i suoi mille cocuzzoli dei tucul e la gran palla della chiesa, che luccica al sole come fosse d'oro.

Fin laggiù, fra le falde del Chidane Maret e del Gossosà, s'era inoltrato alle 5 e mezzo il 1.° battaglione indigeni, comandato dal maggiore Turitto, precedendo la brigata Albertone, e dirigendosi verso Adua, lanciandosi verso il vasto campo nemico che occupava tutto il piano d'Adua e le falde dello Scelloda.

Il battaglione stuzzicava un vespaio: una massa di diecimila scioani si precipita sull'esiguo battaglione, facendolo indietreggiare e costringendolo a una ritirata precipitosa.

Il grosso della brigata indigeni compariva in quel momento sull'ultima terrazza di Adi Becci. Aveva percorso cinque chilometri venendo da Mai Emò, seguendo le guide del paese che avevano indicata l'esatta posizione di Chidane Maret.

Questa volta l'indicazione giusta doveva condurre alla più fatale delle disgrazie.

Il battaglione Turitto non aveva aspettato il grosso sull'altura, e s'era gettato nella valle, fra il Chidane Maret e il Gossosà, percorrendo, in basso, due chilometri e mezzo ancora.

Il generale Albertone si fermò su quelle alture e vi ammassò la sua brigata, proteggendola ai fianchi con piccoli reparti.

La posizione avrebbe potuto essere vantaggiosa, ove il Gossosà fosse stato occupato da forze amiche, ma ben presto vide coronarsi quell'amba, che a prima vista il generale aveva ritenuto inaccessibile, facendolo sicuro dell'impossibilità di un aggiramento da quella parte.[1] La brigata aveva avuto tempo di prender posizione e schierarsi, quando arrivarono gli avanzi scomposti del battaglione Turitto.

---

[1] Vedi la nota *A* in fine del capitolo.

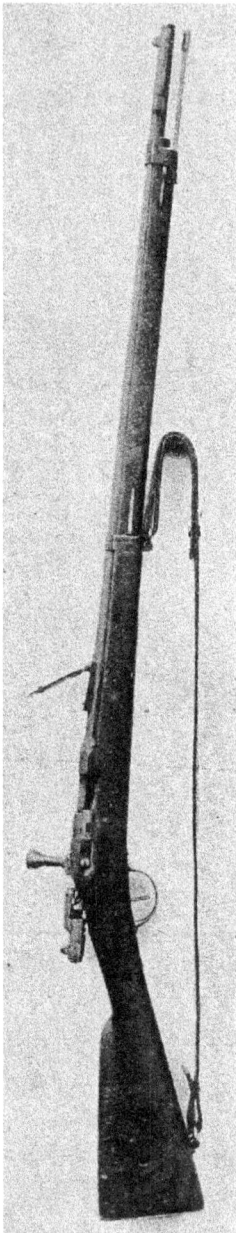

Il fucile francese Gras.

Le batterie aprono subito il fuoco, e le artiglierie cominciano a vomitare mitraglia nella valle e su i nuclei che avevano coronato le alture del Gossosà. Le linee scioane tentano l'assalto alle posizioni di Albertone.

L'assalto vien respinto, ma si ripete. Questa volta scendono dall'insellatura, posta fra il Chidane Maret e il Latzate, nuove e più numerose masse di nemici, ma vengono nuovamente respinte.

Questi assalti si ripetono per ben tre volte. Quando una colonna di 15 mila uomini spunta avanzando sulla sinistra, mentre sul Gossosà cresce sempre più la massa degli Scioani. Una batteria nemica a tiro rapido appare sulla insellatura dei due colli prospicienti.

Ora il fuoco della brigata indigeni deve esser diretto in tutte le direzioni, tutti i reparti sono impegnati, il numero preponderante dei nemici aumenta sempre, di momento in momento, rendendo la situazione assai critica.

Gli ufficiali del battaglione Turitto erano quasi tutti caduti col suo comandante e gli avanzi del battaglione s'erano ritirati precipitosamente verso Mai Avollà.

Le due grosse colonne nemiche continuavano a protendersi in un largo aggiramento: la colonna più profonda verso l'incassatura che segue il Mai Avollà, sul Rebbi Arienni, l'altra sul Samajata e il Kaulos. In quel momento, ore 9 e mezzo, il battaglione di milizia mobile De Vito aveva tentato il collegamento colla brigata indigeni salendo dalle falde del Gossosà da Mariam Sciavitù; ma la massa dei nemici colà accumulatasi piombò sopra quel battaglione, d'avanguardia alla brigata Dabormida, costringendolo a una precipitosa ritirata dopo appena venti minuti di combattimento.

La colonna scesa dal Latzate attaccava
intanto furiosamente la sinistra di Albertone;
il 7.° battaglione indigeni, comandato dal
maggiore Valli, iniziò una resistenza tenace,
contrattaccando varie volte alla baionetta, ma
l'avvolgimento era stato compiuto e le truppe
venivano decimate, fulminate da tutte le direzioni. Il comandante il battaglione cadde colpito al petto.

La ritirata avviene su tutta la fronte di battaglia.

Ultime in posizione rimangono le batterie
che hanno di già esaurite tutte le loro munizioni! Il nemico può così penetrare fra i pezzi,
dove erano caduti quasi tutti gli ufficiali, i serventi e i muli.

Fu verso quell'ora che il generale Albertone
scomparve. Il disordine nelle file degli ascari
assunse carattere di fuga precipitosa. Fra gli
ascari rimasti s'erano frammischiati i nemici
assalitori, formando una strana massa, che va
a rovesciarsi sul Mai Avollà e sul Rajo, e dal
Derar sul Rebbi Arienni, dal fianco destro dal
Samajata e dal Kaulos, su Adi Bahari, su Mai
Emò e nel piano di Gandapta! Avvolge nella
sua ampia stretta le due brigate Arimondi ed
Ellena; tagliandole dalla brigata Dabormida
che combatteva da sola. Poi quando tutto fu
finito sul Rebbi Arienni e sul piano di
Gandapta, tutta l'oste nemica si rovescia da
tergo sulla colonna Dabormida intenta ad
aver ragione dell'altra massa che la fronteggia,
costringendola così a iniziare l'esodo sanguinoso sul monte Erar, Adi Scium Cohenà e la
valle di Bitale!

Non dimenticherò più quelle brevi terrazze,
invase dalle edere e dai cardi, guardanti il
vuoto della valle e le ali spinose del Gossosà:
quelle terrazze che avevano visto gli eroismi di
Henry, di Fabbri, di Masetto e di Bianchini[2]

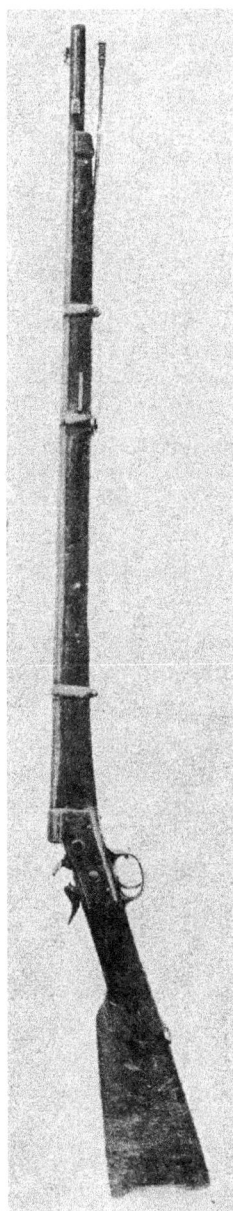

Il *Senadir*
(Remington).

Il maggiore Turitto.

ove il capitano Henry era caduto da romano incrociando le braccia al petto davanti ai suoi pezzi.

Erano là per terra, tutti al loro posto di combattimento, i bei picciotti di Messina delle batterie siciliane! [3] Quanto onore fecero essi al loro paese, all'Italia!

Sedici carcasse di muli in una delle posizioni, un altro mucchio numeroso su quella di sinistra; undici più in alto e più indietro. E fra le povere bestie i cadaveri umani, dei bianchi, caduti tutti al loro posto. Fermi nel travolgere della ritirata degli *indigeni, fermi come muri,* come raccontarono gli ascari scampati, che avevano lasciati i

[2] Delle quattro batterie tutti i loro comandanti perirono. Degli ufficiali si salvò il solo tenente Pettini, colle guancie forate da una parte all'altra.

[3] La batteria comandata dall'eroico capitano Masotto e l'altra del Bianchini, si chiamavano le "batterie siciliane" perchè il veneto Masotto l'aveva formate con ufficiali e soldati siciliani.

Il maggior generale Albertone.

nostri bianchi impavidi al combattimento, sotto il roteare spietato della falce della morte!

Il maggiore De Rosa aveva comandato il fuoco celere contro la fiumana scioana che dilagava. Si tirava a 700 metri, e gli stormi nemici scomposti e sfasciati dagli *srapnel* si ricomponevano, strisciando sempre fra i frùtici spinosi e le balze; fin che addensatasi, l'immane valanga, si rovesciò su tutti i 14 pezzi da montagna!

De Rosa, Bianchini, Masotto, Ainis, Saya, Cordella, Pettini, Giarolino, tutti travolti sul loro posto da quel torrente devastatore!

I pochi superstiti, prima di abbandonare i loro pezzi al nemico, li avevano resi inservibili, levandovi gli anelli e i piatti di forzamento, precipitandoli giù pei burroni.

L'energico maggiore Cossu, il valoroso Gamerra tentavano, col revolver in pugno, di arrestare gl'indigeni fuggenti, ma l'onda devastatrice era infrenabile.

Gli effetti delle nostre artiglierie erano manifesti giù nella valle di

Castelli Saya Masotto Bianchini
Gli ufficiali della batteria siciliana del cap. Masotto.

Latzate e di Chidane Maret. Laggiù avevano voluto nasconderci le
loro perdite, i Tigrini, e s'erano provati a coprire di sassi le buche ove
avevano accumulati i loro morti. Ma quelle cataste di sassi erano
troppo frequenti e lasciavano scappare stinchi e cranii di neri; tutta la
valle n'era ammorbata. Lontani dai sentieri, i Galla e gli Amara erano

insepolti e si confondevano, col loro bruno, nei detriti neri delle discese del Gossosà e del Chidane Maret.

Ritornai sui fastigi d'Adi Becci, dal vallone di Mariam Sciavitù, quando fu tolto il campo di Mai Emo: a lavoro finito.

Il capitano Masotto.

Il capitano Angherà aveva trovato la salma del valoroso Masotto, e le sezioni del genio avevano elevato un modesto monumento, come sugli altri due campi di battaglia, in onore dei caduti della brigata Dabormida.

Ero contrariato di non aver potuto ritrarre un'immagine qualsiasi, che ricordasse quelle alture; il capitano Angherà e il colonnello Arimondi se ne rammaricavano anch'essi. Fra le insellature del Nasraui e del Gossosà, raccontò Angherà d'aver trovato un gruppo di tucul ove, dicevano quelli del luogo, era stato fatto prigioniero il generale Albertone, dopo una resistenza vigorosa. – Vedrà, – afferma-

Tucul di Mai Agun sul monte Nasrui, ove il generale Albertone
oppose l'ultima resistenza.

vami il capitano, – come il generale coi pochi che lo seguivano, tentò di trincerarsi, barricando gli accessi a uno di quei tucul, aprendovi delle feritoie. Tutto ciò era di grande interesse. Il portatore era ritornato all'accampamento coi miei arnesi e pregai il colonnello di muovere il campo un po' più tardi del solito; sarei ritornato ad Adi Becci prima del levare del sole, avrei raggiunto poi la colonna in marcia sulla strada di Adua, verso Darotaclè.

Asselafì Ailù tentò di opporsi. – Calas, – diceva – ha troppa roba nel suo apparecchio e mi par che basti. Vuol portarsi via quel signore il Tigrè intero?

Ma il colonnello aveva deciso e il capitano Montanari s'offrì d'accompagnarmi; e, manco a dirlo, il suo fido indigeno, il soldato di Mangascià, non voleva lasciare Abbaguben!

Un altro soldato di Alula s'offre di portarmi l'istantanea, diceva saper correre più delle mulette.

Salimmo per la scarpa del Gossosà, quella che alla mattina del 1.° marzo aveva tentato il colonnello Ragni col suo reggimento, per collegarsi colla brigata Albertone. Che strada infernale! Come avrebbe potuto spuntarla il valoroso Ragni? Dove sarebbe andato a dar di cozzo?

Là in mezzo è un avvolgimento ostinato di dirupi, un asserragliamento di spini e di liane che par non abbia fine!

E poi, al finire dell'oppressione di quella montata che avrebbe trovato? Mille agguati, mille contorsioni che vanno a confondersi in una sola gola tortuosa ed orrenda. E nel suo ritorno alla bellezza, nel suo rinverdire, nel lento pollare, fra le gramigne, delle limpidissime acque, avrebbe trovato quella valle nascosta ricolma di nemici. Il Gossosà e il Nasraui formicolavano già di Abissini alle 8 e mezza, il colonnello Ragni erasi accinto a salirvi un'ora dopo!

Fra quei monti, più in alto, è un incanto di disegni e di colori, una frescura latina, dove gl'indigeni arano una zolla opulenta con coppie stupende di buoi pezzati, dall'alta mobilissima gobba. Fino il canto del gallo c'inganna, e dimentichiamo per poco dove siamo, che cosa facciamo in quell'angolo di terra sconosciuta. Serpeggiando e salendo, ci attraversa la strada una croce e una tomba; pare di essere in terra nostra! Più in là è un plinto di massi ruvidamente squadrati, in alto una croce e delle palme. È il monumento alla brigata Albertone con insieme la tomba del capitano Masotto, costrutto dalle compagnie del genio. I soldati avevano saputo procurarsi un nastro bruno e l'avevano avvolto alla croce.

Costeggiando un rialto c'internammo in una boscaglia di acacie; il soldato di Mangascià ci faceva da guida:

– Abaguben venire! – diceva a Montanari, e colla mano indicava in fondo al bosco.

– Generale, – affermava, – generale... e non sapeva dir altro; sapeva dove volevamo andare e ci condusse.

Monumento eretto ai caduti della brigata Dabormida
e tomba del capitano Masotto.

Quale strano indimenticabile luogo! In una specie di cortile le donne fabbricavano le stoviglie e le cuocevano al sole, si servivano di una specie di caolino grigio, che tritavano come la durra. Ci accolsero sorridendo. Smontammo dai muletti e accarezzammo i bambini offrendo loro del pane che divorarono. A loro volta le donne ci offersero del latte, mentre una di esse si ritrasse nel tucul. Ritornò poi, tirando fuori dalla futa certi fagotti. Che erano?

Erano lanterne da campo, un ricettario, una borsa da medico, dei libretti personali. Pretendevano dei talleri per cederceli.[4]

– *Meschin, meschin taliani!* cominciarono a piagnucolare, posando la guancia sul palmo della mano come per dirci: morti, tutti morti! Meschin, meschin! Poi aggiungevano, battendosi il petto: Uh! Menelik, Menelik! Non ne avevano colpa elleno, era stato quel tristo d'un Menelik! Ma volevano di molti talleri per renderci quelle reliquie, che in coscienza non potevano cederci per una miseria.

Qualcuno arriva, è il maschio: una figura torva; s'inchina e adocchia la bottiglia che sporge il collo dalla fonda della cavalcatura di Montanari, e... beve! Gli domandiamo se quello è il tucul dove s'era difeso il generale. Montanari, pratico d'Eritrea, si aiutava con parole indigene. E rispondeva sì, il tigrino, sì sempre, ma pareva inquieto, nervoso.

Ma il tempo stringeva e conveniva raggiungere la colonna, prima che varcasse il Gasciorschi al di là di Adua. Rimontiamo per rifare la nostra strada. L'indigeno s'offre per farci da guida per insegnarci, dice lui, una strada più corta.

Ma la sua strada ci portava ad oriente, l'opposta direzione nostra.

– Dove ci conduce quell'uomo?

– Oh! loro sono maestri nello scegliere le scorciatoie; risparmieremo di lacerarci il viso cogli spini di poc'anzi.

Ma gli spini accestivano peggio che alla salita di Ragni, e più che gli spini era la direzione falsa che ci confondeva.

– Ma dove ci conduci, *arche!* [5]

– Mariam Sciavitù, Mariam Sciavitù! – ripeteva la guida, voltandosi appena, nel suo rapido procedere.

– Abbaguben, – dissi a Montanari, – ne chieda al suo fido. Ma anche l'ascaro di Mangascià si rimetteva alla guida; non conosceva i luoghi, e l'altro soldato di Alula che mi portava la macchina fotografica era un'oca. Seguitavamo a strapparci i panni fra i rovi, fino a che un lezzo tremendo ci fa mancare il respiro. Ci guardiamo.

– Ma qui ci sono cadaveri insepolti! Dove andiamo noi, dunque?

A destra e a sinistra erano capovolte delle barelle per feriti, barelle nostre, bende e bambagia, come a Mai Cohenà, e giù nell'acqua cadaveri di bianchi.

Un posto di medicazione sviato, assalito a tradimento!

Ci spiegavamo il fardello di oggetti offertici da quelle donne, lassù!

---

[4] Uno di quei libretti portava il nome di De Carlo Rosario di Messina, 67.° regg. fanteria.

[5] Amico

Energicamente ci opponiamo a proseguire nella falsa direzione e la
rettificammo, mandando avanti l'indigeno in malo modo. Poco dopo
sbucavamo a Mai Avollà! Quattro chilometri di deviamento!

Ma l'aria aperta, il largo, la libertà ci avevan fatto dimenticare ogni
cosa e procedevamo solleciti, fra l'alzarsi rumoroso delle oche selvati-
che. E... dove sono i nostri neri? c'interrogammo a un tratto.

Erano restati indietro. L'ascaro fido a Montanari è alle prese colla
falsa guida; il soldato d'Alula, colla istantanea all'omero, guarda la
scena.

Il fido di Montanari ha introdotto la cartuccia nel suo Remington,
la falsa guida ha afferrato un macigno; sotto il tiro dell'arma essa
investe l'avversario che sdruccicla e il macigno lanciato gli sfiora la
testa; si rialza, e a due mani adopera l'arma come una clava, e fende
il capo alla guida. I due della nostra scorta trascinano quell'uomo
impassibile e sanguinante per le braccia: tutto ciò in un secondo.

– Mangascià! – gridavano in coro i due nostri tigrini, – Mangascià!
– E facevano la mimica del taglio della mano e del taglio del piede!

Il fido soldato non s'era lasciato corrompere, aveva reagito all'invito di quell'indigeno di toglierci i talleri e la vita, e voleva portarlo da
Mangascià per farlo punire alla loro maniera.

Quel paese lassù, dove fu preso il generale Albertone e si commise-
rano i nostri poveri morti, si chiama Mai Agam.

NOTA A
Il generale Albertone aspettava Dabormida sulla sua
destra?

Nella sua relazione *Documenti sulla battaglia di Adua*, Roma,
Voghera, a pag. 16, il vicegovernatore generale Lamberti dice: "La posizione poteva essere aggirata da ambedue i fianchi; ma la natura diffici-
lissima del terreno verso destra e *la certezza del prossimo arrivo della brigata Dabormida fecero ritenere poco possibile un aggiramento da quella
parte*."

E più avanti:

"Le truppe erano appena schierate, quando (ore 8 e mezzo) si vide
volgere in ritirata precipitosa il 1.° battaglione indigeni e nello stesso
tempo coronarsi di numerosissimi stormi nemici l'*Abba Carima e anche
l'Amba Scelloda*."

Come si è già detto, è da intendersi per Abba Carima il colle di

Chidane Maret, e per l'Amba Scelloda l'Amba Gossosà. L'ultima falda di quest'amba è quella visibile da Adi Becci che copre completamente lo Scelloda. Ma, o Scelloda o Gossosà, è curiosissimo come il generale Lamberti potesse credere che il generale Albertone avesse avuta la certezza di vedere arrivare su quell'amba la brigata Dabormida. Il generale Albertone procedendo per le dorsali che costituiscono la zona di Adi Becci aveva seguito, venendo da Mai Avollà, i fianchi meridionali dei Derar e dal Nasraui; poi il fianco del Gossosà. Ora per guadagnare quell'altura non era possibile battere che due vie: o quella seguita da lui, dalla cortina che s'allaccia al Nasraui, o dal vallone di Mariam Sciavitù.

Sulla prima strada, quella cioè percorsa da lui, è esclusa la possibilità che avesse potuto credere a una comparsa delle truppe di da Bormida a destra, poiché avrebbe detto a rincalzo e da tergo. Dunque non ce n'era che una della quale potesse esser certo che comparisse la 2.ª brigata *a destra*, nel Gossosà (o Scelloda) quella del vallone di Mariam Sciavitù.

Sapeva già il generale Albertone, prima della sua avanzata su Chidane Maret, del largo giro che avrebbe intrapreso il generale Dabormida?

Non parrebbe possibile, poiché l'ordine del giorno precisava al generale Dabormida la posizione di Rebbi Arienni.

C'era forse qualche ordine verbale... della notte, per il caso di uno spostamento in avanti, spostamento che Albertone non trovando il Chidane dello schizzo, ma una posizione svantaggiosa, iniziò continuando senz'altro la marcia?

Si potrebbe così spiegare l'ordine al generale Dabormida di procedere per Mariam Sciavitù, dopo che il capo di stato maggiore scorse dal Bellah il procedere di Albertone per Adi Becci.

XX

LA MESSA AL RAJO

Quelle povere vittime di Mai Agam restarono fra le poche insepolte, se non furono le sole. Le nostre compagnie del genio avevano esplorato attente, instancabili dappertutto, ma in quell'angolo remoto,

celato ad ogni ricerca, non potevano esser penetrati. Ne riportavamo un dolore vivissimo.

Passavamo per sentieri fiancheggiati dalle cento fosse dei nostri, tutte piene di corone e di ghirlande.

Cadaveri allineati sotto l'amba Bairot.

Quella vista ci dava un senso di sollievo grandissimo. Quei piani silenziosi, le ambe e le valli sembravano purificati dal sacrilegio degli eviratori; i morti giacciono in pace negli avelli. Le ossa dei fratelli nostri ora non sono più sparse al sole e alle jene!

Croce sul Rajo ove cadde il generale Arimondi.

Sulle pendici del Rajo dove vennero sepolti in grandi fosse settecento cadaveri di soldati italiani, i tenenti Ricci, Abata-Daga, Zicavo e Guarini hanno alzato un monumento in un giorno: un monumento nella sua semplicità grandioso e severo, fatto di macigni e d'una croce. È eretto sopra l'ampia base di granito che la terra sembra avere apposta preparata sul Rajo fin dal tempo dei suoi sconvolgimenti diabolici; là attorno si sono riuniti i duecentocinquanta del genio coi loro comandanti, dove padre Vincenzo da Monteleone Sabina, assistito da padre Lorenzo da Collepardo, ha composto un altare e vi celebra la messa.

Guardavo il viso desolato del colonnello Arimondi che avevo accompagnato per due giorni nelle infruttuose ricerche del cadavere del valoroso fratello suo, caduto su quello stesso masso dove era eretto l'altare. I suoi occhi vagavano ancora, sempre, attorno, giù nel burrone e sull'erto ciglio dell'amba, con estrema speranza! Ma le salme sfigurate sono già tutte composte nelle fosse, ogni cosa è muta attorno e il silenzio solenne solo interrotto dalle flebili preghiere del cappuccino! Le scorte d'Alula e di Mangascià s'erano raccolte dietro i nostri soldati sul declivio, silenziose e riverenti, attentissime al celebrare della Messa. All'Elevazione, come attratti da una forza ignota, i cofti si piegano seguendo l'inchinarsi dei bianchi. Un istante di lacrime per tutti, lacrime diverse da quelle degli altri giorni, più confortanti ma sempre più amare.

Sui massi del monumento sono scolpite due lapidi, sulle quali leggi colle parole:

I COMPAGNI DOLENTI POSERO
1 – 3 – 96

l'intenzione pietosa dello scultore che nell'ardesia non s'è stancato di segnar volute e svolazzi interminabili, quasi a narrarvi, a geroglifici insistenti, il ricamo misterioso dell'infinito lutto dell'anima sua.

E più in basso, sui gradini del Bairot dove i nostri soldati avevano affrontato il torrente nero che travolgeva ogni cosa, dalle falde del Rajo e dell'Esciasciò, dove era uno stupendo allineamento di scheletri che pareva volessero lasciare glorioso esempio, premio, ai compagni venuti a comporli nella tomba. Quello spettacolo, grandioso nella sua immensa tristezza, aveva fatto, si direbbe, lieti i nostri soldati che attendevano all'opera pietosa.

E sulle grandi fosse dove avevano raccolto le salme di quei valorosi vollero, colle croci e le corone, incidervi una lapide romanamente chiara:

ITALIANI MORTI COMBATTENDO
1 – 3 – 96.

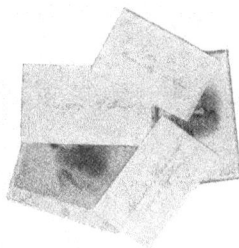

La messa al Rajo.

XXI

RITORNO

Il lavoro di tutti era finito.

Ce ne tornavamo col capitano Montanari, l'ultimo giorno, sviati dal vallone di Mariam Sciavitù. L'ascaro di Mangascià non aveva voluto lasciar la sua preda, l'indigeno di Mai Agam, sanguinante come Mazzeppa. Doveva condurlo dal suo padrone per farlo castiga-

Verso il ciglione Mareb.

re! Non c'era versi capacitarlo a rilasciare quell'uomo mezz'andato.

Quando, allo svolto d'un pendio, troviamo, attorno all'acqua e sotto alle palme, una carovana in riposo: i tredici banditi della fiaba! Lo spettacolo del nostro ferito li sorprende e si serrano attorno a noi, in circolo. Il capo, un vecchio, il Tiburzi della compagnia, interrogava insistendo, ansante tutti noi. Che rispondere a quel linguaggio di fuochi d'artificio? Senza un interprete! Il ferito si lamentava e chiedeva misericordia al vecchio:

– Ah! fate di questi lavori voialtri? – pareva ci dicesse il calvo indigeno; ed aprì il tribunale. A uno per volta il rispondere, e gli altri zitti, se no!...

La burletta seguitava noiosa; i due nostri tigrini si difendevano, ma le loro ragioni pareva non valessero un soldo; e noi perdevamo un gran tempo.

Venne la nostra volta; dovevamo rispondere qualche cosa. Che dire? Come dire? Montanari ha un lampo di genio: cava fuori una bottiglia e la solleva in aria, dall'alto della sua muletta. Il presidente ammutolisce, sorride, apre le braccia, e agguanta la bottiglia per aria.

E la difesa mia? Oramai la vedevo facile, imitai il capitano: mostrando l'immagine miracolosa di Maria Teresa. Eravamo liberi, e il ferito restava con loro e... Dio l'abbia in gloria!

Quale miseria morale! Quale impasto strano di generosità e di cupidigia, di fierezza e di vigliaccheria! Ed era un *dagnà*, un giudice, quel vecchio!

Ma son tutti così i tuoi compatriotti?... – domandai poi a Gabrè Sghear. Sì, e no, aveva risposto l'interprete; sono capaci di grandi fedeltà come di grandi tradimenti, di grandi generosità come di grandi infamie. Ma quanto più capi, credi – aggiunse calcando sulla frase – tanto più "animali" perchè qui si arriva ad esser capi quanto più si è furbi e maligni.

– Ma e l'esempio dei costumi nostri, della civiltà.... non può nulla?

Gabrè rise largo, mostrando le sue bellissime file di denti:

– Da voi apprendono sì, ma quel tanto che possono di furberia, perfezionandosi sempre più nell'arte degl'inganni.

Qua la doppiezza e la perfidia sono considerate come titolo d'onore. Tante volte predico fra loro, e mostrano di ascoltarmi volentieri. Non hai inteso che insegnavo loro la canzone di Toselli?

Davanti Menelik stesso, quando andai col maggiore Salsa nel suo campo, ho dimostrato che si meritava lui, il Negus, di aver tagliate le mani e i piedi, perchè avendo permesso il supplizio dei nostri ascari disonorava l'Abissinia; e Menelik lì per lì sorpreso mi diede ragione, salvo poi a ricominciare.

A tutti quelli della scorta, ad Ailù, a Burrù, ad Agos, ho detto: Vedete che cosa è, come è fatta la civiltà? Re Umberto manda a seppellire i suoi soldati benchè abbiano perduto; Menelik lascia alle iene i suoi Galla benchè l'abbiano fatto vincere. Chi vuol bene di più ai suoi soldati? Questa ragione li impressiona un poco, e Asselafi Ailù che ha visto i reggimenti bianchi a Senafè mi ha detto: *Ambeità!* le cavallette, ma non finiscono mai questi italiani! in quanti sono tornati? E l'assicurai che ne verranno ancora, quando lo vogliano, perchè l'Italia è grande e il negus Umberto più potente di Menelik. Asselafi disse che, per conto suo, gli era caduto il cuore, e che, dopo tutto, della guerra ne avevano avuto un bel profitto! I Galla avevano portato via tutto il bottino di guerra e ai Tigrini di Mangascià e ai soldati di ras Agos non era toccato un bel nulla! Questa era la vera morale della favola.

E siamo venuti in cerca di allori qua intorno. Siamo venuti a far dei trattati con questa gente, qua dove una bottiglia di mastica e un pugno di talleri valgono il più efficace degli argomenti. Qua dove non c'è che una ragione sola: il cannone.

Ce n'han portati via parecchi di cannoni, è vero, ma per la nostra inesperienza per la nostra indole trascendentale, per l'abito nostro d'ispirarci troppo alle concezioni di getto che non ci dà il tempo di osservare, di studiare e di distinguere.

Volevamo conquistar l'Abissinia di prim'acchito: Il Tigrè è aperto. Entrateci! E si va fino all'Amba Alagi!

Viene il Negus nel nostro territorio, usandoci la finezza di farci risparmiare i disagi e le spese per una spedizione avvenire nell'interno e non ne sappiamo approfittare.

Siamo andati avanti sempre così, senza praticità obbiettiva, con ignoranza completa sugli uomini e sulle cose:

– Scappano! Scappano! – diceva purtroppo un generale a Saurià, lieto del ritirarsi frettoloso delle punte scioane, all'inizio di una ricognizione.

– Questo è parlare da ragazzi! – gli osservò asciutto degiacc Fanta, delle nostre bande: vedrai dopo se scappano!

Ma era scappato davvero Sebath allo spettacolo dei nostri empirismi; dopo tutto egli, ad Amba Alagi, aveva perduto 35 fucili.

Lo aveva detto a Baratieri in gennaio dopo quella disgrazia, alla famosa rivista di Adigrat: Bada che questi tuoi soldati *non mi riempiono nè gli occhi nè il cuore!*

Ma Baratieri allora non aveva bisogno che di filo, e ne ebbe... da torcere.

D'un tratto ce la prendiamo fino colla strategia, collo stato maggiore! Mai meglio che in Africa si può comprendere come le leggi della strategia debbano essere scrupolosamente osservate, ma la strategia, gli stati maggiori fin'ora, ch'io sappia, non hanno ancora risolto il problema di poter avere ragione di uno contro sette!

– Non *bono,* dicevano i nostri ascari, pratici dei luoghi e dei siste-mi, e se *ne andavano* ai primi sintomi di aggiramento: i loro batta-glioni furono ricostruiti *tutti* all'Asmara col loro numero e con gran parte della loro forza!

I nostri soldati restarono tutti sul loro posto di combattimento *fermi come muri.*[1]

Ma che reparti frammischiati! Che unità tattiche mal'accozzate! Ogni ufficiale era un centro di raggruppamento, attorno a cui i bravi soldati vendettero cara la loro vita ! Onore a loro!

E ora torniamo alle concezioni di getto, al rovescio, anzi agli estre-mi!

Ora, poichè per causa dell'inesperienza nostra, queste zolle sono pur troppo bagnate di sangue italiano, ce la prendiamo colla terra perchè non offre, alle divisioni marcianti, i grappoli d'uva e le frago-le nel canestro.

Ma non è che sbalordimento, e non durerà molto.

Trottavamo solleciti verso Adua: era tardi. Angherà ci venne incon-tro inquieto; la colonna aveva passato Adi Abun.

– Ebbene, e la visita di ringraziamento a ras Alula?

– Non si fa più, il colonnello non ne vuol sapere, gli ripugna strin-gere la mano al ras.[2]

E non si poteva dargli torto. Più avanti, oltrepassato lo Scelloda fra valli superbe, fra culture rigogliose, fra acque limpidissime, fra boschi deliziosi di palme, passiamo per le campagne di Adi Abun, ci riposia-mo su di un margine ricolmo e fiorito dove un gruppo pittoresco di musacee si specchia in una fonte d'acqua purissima.

– Montanari, – dico al bravo capitano, – se dicessimo in Italia che qui ci sono davvero le foreste imbalsamate!

– Spero bene non si farà sentire a dirlo!

Bisognava coprire quella gloria di verde col velo bruno della nostra disgrazia!

Ci siamo alzati, volgendo un ultima volta lo sguardo a quei monti

---

[1] Vedi la nota in fine del capitolo.

[2] Ras Alula aveva chiamato a raccolta i suoi soldati, perchè allora nè contava pochi intorno a sè; aveva preparato del miele e delle capre per farci un po' di festa.

che lasciavamo e che sfumavano lontani; lasciavamo là dentro qualche cosa di noi, brani delle nostre carni, del nostro cuore.

Un giovane soldato che si allontanava lacero, colle sole mutande per quei giorni di lavoro, s'era voltato anche lui colla piccozza alle spalle; togliendosi il berretto salutava verso le ambe:

– Signor capitano, ci torneremo, non è vero?

IL NUMERO DEI MORTI E LE ZONE OVE VENNERO SEPOLTI.

	Cadaveri	
	di bianchi	di ascari
Nell'Entisciò	4	2
Verso Zalà, ritirata	30	2
Nella vallo di Jehà piano di Mesber e di Sitala (3o maggio) ritirata	344	15
Sulle linee di ritirata	378	19
Sbocchi del Jehà (dove si resisteva ancora). Piano di Gandapta fino alla valle di Rebbi Arienni	1161	106
Attorno e sul Rajo	657	119
Nel vallone di Mariam Sciavitù	538	96
Sulla linea di ritirata della brigata Dabormida	147	19
Nella valle di Latzate battaglione Turitto	7	74
Adi Becci e sulla posizione dell'artifclieria Albertone	53	57
Sulla ritirata del generale Albertone	67	128
Sparsi altrove	17	
Sul campo di battaglia	2647	599
Totale generale	3025	618

INDICE

PILLOLE PER LA MEMORIA

www.ingramcontent.com/pod-product-compliance
Lightning Source LLC
Chambersburg PA
CBHW030912090426
42737CB00007B/169